프랑스어 e메일

# 프랑스어 e 메일

김진수

한불포럼
FORUM COREE-FRANCE

## 머리말

　이 책은 프랑스어로 서신을 작성하려는 사람들을 위해 만들었습니다. 통신 기술의 발달로 요즈음은 e메일로 전 세계 누구와도 쉽게 교신을 할 수 있게 되었습니다. 물론 아직도 우체국을 이용해 따뜻한 육필(肉筆)의 서신을 교환할 수도 있지만, 컴퓨터나 모바일로 자신의 메시지를 빠르고 간편하게 전할 수도 있게 되었습니다. 따라서 먼 지역에 있는 사람들과도 손쉽게 교류가 이루어지고 있습니다. 이처럼 자신의 메시지를 보내고 인사를 전하고, 주문하기 위한 문형을 찾는 사람들을 위한 길잡이 역할을 『프랑스어 e메일』이 맡아서 할 수 있을 것으로 생각합니다.

　프랑스어를 사용하는 사람에게 보내는 개인적인 편지, 엽서, 메모에서부터 비즈니스를 위한 서신, 행정서식 그리고 유학·연수를 위한 학교 관련 서신에 이르기까지 다양하게 모델을 제시해 보았습니다. 서신들은 사용빈도가 높은 전형적인, 서신이나 e메일을 채택했습니다. 요즘 페이스북, 인스타그램 등으로 교류의 수단도 많아졌지요, 다채롭게 표현해 보도록 합시다.

　단순한 서신의 유형 파악뿐만 아니라 프랑스 문화에 대한 폭넓은 이해에 한 걸음 다가갈 수 있기를 기대하면서, 저의 메일 박스에 날아온 반가운 편지들을 읽고 답했던 즐거움을 이제 여러분과 함께하고 싶습니다.

2023년 12월　김 진 수

## 차례

### 0. e메일의 기본은 인사말
① 전통적인 인사     17
② 간단한 인사     20
③ 친구들 간의 인사     21
④ 사회생활에 널리 필요한 인사     22
⑤ 군(軍)에서 사용하는 인사     23
⑥ 정치권에서의 인사     24
⑦ 종교계에서의 인사     26
⑧ 돌아가신 분에게 드리는 인사     27

### I. 미리 익혀두어야 할 표현
① 편지의 시작과 끝인사     31
② 연말연시에 주고받는 인사     34
③ e메일에서 자주 쓰는 프랑스어 표현 정리     36

### II. 주제별로 본 서신

#### 1. 친한 사이에서
① 생일을 맞은 친구에게     49
② 성인(聖人) 축일을 맞은 사촌에게     50
③ 선물에 대한 감사 편지     52
④ 해외 친구에게, 자기 소개     54
   – 해외 친구에게, 나와 가족 소개     55

⑤ 친구의 새집 입주를 축하하며 (1) ... 57
　- 새집 입주 축하 (2) ... 58
⑥ 당선된 시장에게 축하 인사 ... 58
⑦ 결혼 축하 인사 (1) ... 59
　- 결혼 축하 인사 (2) ... 60
　- 결혼 축하 인사 (3) ... 61
⑧ 생일 축하 인사 (1) ... 62
　- 생일 축하 인사 (2) ... 62
　- 생일 축하 인사 (3) ... 63
　- 부모님 생신 축하 ... 64
⑨ 개인적인 부탁 ... 64
　- 이 부탁을 들어주는 말 ... 66
　- 이 부탁을 거절하는 말 ... 67

## 2. 초대

① 전원주택으로 초대 ... 69
② 축하 파티 초대 ... 70
　- 초대를 수락하는 말 ... 71
③ 휴가를 같이 보내자는 말 ... 72
④ 주말에 초대하는 말 ... 73
　- 초대 수락 ... 75
　- 초대 거절 ... 77
⑤ 창립기념 행사에 참석할 수 없다는 말 ... 78

## 3. 결혼식

① 청첩장 ... 80
② 약혼식 알림 ... 81
　- 약혼한 친구에게 하는 축하의 말 ... 84
③ 결혼식 초대 ... 86
　- 결혼 소식 및 청첩장 ... 87
　- 초대장 ... 90

- 초대를 수락하는 서신 (1) 92
- 초대를 수락하는 서신 (2) 93
- 참석할 수 없다는 말 94

## 4. 아기 탄생
① 아기 탄생 소식 (1) 96
② 아기 탄생 소식 (2) 97
③ 아기 탄생 축하 (1) 98
④ 아기 탄생 축하 (2) 99

## 5. 사망과 조의
① 부고 100
② 위로의 편지 102
③ 조의를 표하는 서신 103
④ 애도의 서신에 대한 답장 104

## 6. 연말 연시 인사
① 연하장 106
② 연하장에 대한 답장 107
③ 새해 인사 108
④ 새해 인사에 대한 답장 109
⑤ 쾌유를 기원하는 말 111

# III. 개인과 단체 생활

## 1. 독자 상담코너 (Le Courrier du Coeur)의 편지
① 상담 편지 (1) 115
② 잡지사의 답변 116

③ 상담편지 (2)  118
④ 잡지사의 답변  120

## 2. 직업의 세계

① 지원동기서 (1)  122
② 지원동기서 (2)  123
③ 지원동기서 (3)  124
④ 지원동기서 (4)  125
⑤ 사직서 (1)  126
⑥ 사직서 (2)  127
⑦ 업무중단요청서 (1)  128
⑧ 업무중단요청서 (2)  129
⑨ 이력서 (1)  130
⑩ 이력서 (2)  132
⑪ 이력서 (3)  134
⑫ 근무증명서 (1)  137
⑬ 근무증명서 (2)  138
⑭ 근무증명서 요청  138

## 3. 아르바이트와 취업

① 오페르 아르바이트 구인  140
② 오페르 아르바이트 신청  141
③ 친구의 승진 축하  143
④ 취업한 친구 축하  144

# IV. 비즈니스를 위한 서신

## 0. 비즈니스 서신
① 정보를 요청하는 말 ... 151
② 주문하는 말 ... 152
③ 정보 요청이나 주문에 답하는 말 ... 153
④ 거절하거나 유감을 표명하는 말 ... 154
⑤ 접수 사실을 확인시켜주는 말 ... 154
⑥ 정보나 서비스를 제공하는 말 ... 155
⑦ 지불을 요청하는 말 ... 156
⑧ 지불하며 하는 말 ... 157
⑨ 무언가를 요청하는 말 ... 157
⑩ 끝인사를 시작하는 표현들 ... 158

## 1. 비즈니스를 위한 인사말
① 잘 알지 못하는 고객에게 ... 161
② 잘 아는 고객에게 ... 161
③ 각계 인사에게 보내는 공식 서신에서 ... 162

## 2. 관련 기록 변경 및 요청
① 주소변경 통보 ... 165
② 의료기록 요청 ... 166
③ 임금 인상 요청 (1) ... 167
④ 임금 인상 요청 (2) ... 169
⑤ 근로 증명 요청 ... 170
⑥ 인사 이동 요청 ... 171

## 3. 광고
① 구인 광고 ... 173
② 구인 광고를 보고 응모하는 서신 ... 174
③ 구직 광고 ... 177

④ 구직 광고에 관심을 나타내는 편지　　　　　　　177
    ⑤ 소개의 편지　　　　　　　179

## 4. 거주지 관련
    ① 거주지 임대　　　　　　　181
    ② 월세 지불 연기 요청　　　　　　　182
    ③ 수리 요청　　　　　　　184
    ④ 계약의 해지 요청　　　　　　　185

## 5. 은행 관련 업무
    ① 계좌 개설 신청　　　　　　　187
    ② 수표책 발행 신청　　　　　　　189
    ③ 대출 신청　　　　　　　190
    ④ 계좌 이체 신청　　　　　　　191
    ⑤ 신용카드 신청　　　　　　　192
    ⑥ 신용카드 갱신 통보　　　　　　　193
    ⑦ 신용카드 갱신에 대한 답장　　　　　　　195

## 6. 임대와 계약
    ① 관광안내소에 정보 요청　　　　　　　197
    ② 호텔 예약　　　　　　　199
    ③ 호텔 측의 답장　　　　　　　200
    ④ 자동차 임대 신청　　　　　　　202

## 7. 회람
    ① 영업 중단 알림　　　　　　　204
    ② 업체의 인계를 알림　　　　　　　205
    ③ 지점 개설을 알림　　　　　　　206
    ④ 영업 사원의 방문을 알림　　　　　　　208
    ⑤ 만날 약속을 하기 위한 말　　　　　　　209
    ⑥ 자료 발송에 관한 말　　　　　　　210

## 8. 주문

① 주문서     213
② 주문 확인     214
③ 주문 접수 확인     216
④ 해외 주문 (1)     217
⑤ 해외 주문 (2)     219
⑥ 부분적 주문 철회     220

## 9. 항의하는 서신

① 배송 지연에 대한 불만 표명     223
② 발송사의 답장     224
③ 주문 내용과 다른 배송에 대한 항의     225
④ 통신판매 회사 측의 답장     227
⑤ 분실된 상품 요청     228
⑥ 해운회사의 답장     230

## 10. 결제

① 결제 요청     232
② 해외로 발송하는 송장     235
③ 수표로 결제     236
④ 수신     237

## 11. 텔렉스, 전보

① 텔렉스 : 주문의 변경     239
② 주문 변경에 대한 답신     240
③ 전보(電報) : 고위 인사의 도착     241
④ 긴급 샘플 발송 요청     242
⑤ 주문의 취소     243

## V. 학교 관련 서신

① 시험 통과 축하 247
② 친구의 합격 축하 249
③ 입학 관련 자료 신청 250
④ 신청양식 요청에 대한 답장 252
⑤ 체류증과 노동 허가증 발급을 위한 양식 신청 255
⑥ 전학 신청 256
⑦ 학력 동등 인정 신청 258
⑧ 호텔 연수 신청 259
⑨ 거주지 확인서 261

## VI. 유학 · 연수 관련 서식

① 어학코스 자료 요청 265
② 어학코스 입학허가서 요청 267
③ 등록 서류 신청(1) 269
④ 등록 서류 신청(2) 272
⑤ 호적 등본/초본 274
⑥ 재학 증명서 278
⑦ 고등학교 졸업 증명서 280
⑧ 학사 졸업 증명서 284
⑨ 학사 성적 증명서 285
⑩ 석사 졸업 증명서 289

참고문헌 292

# 프랑스어 e메일

# 00
# e메일의 기본은 인사말

프랑스어 e메일

# e메일의 기본은 인사말

### ① 전통적인 인사

서식의 제일 뒤에 놓이는 "인사말"로 가장 일상적으로 사용할 수 있는 표현들이며 이 가운데에서도 "Je vous prie Madame / Monsieur, mes salutations distinguées."
(위 내용에 동의해 주시고, 각별한 저의 인사를 드립니다) 는 가장 일상적으로 사용 할 수 있다.

### 전통적인 인사말 (Formules de politesse classiques)

일상적인 서신에서 사용할 수 있는 기본적인 예의를 갖춘 인사이다. 그 가운데 가장 유명한 표현은 다음과 같다. "Je vous prie d'agréer, Madame, Monsieur, mes salutations distinguées."
본문 내용에 공감해 주시고 각별한 인사 드립니다.

- Je vous prie d'agréer, Madame, Monsieur, mes salutations distinguées.
  공감해주시고, 각별한 인사를 전합니다.

- Veuillez agréer, Madame, Monsieur, mes salutations distinguées.
  동의해 주시기 바라며 각별한 인사를 드립니다.

- Veuillez agréer, Madame, Monsieur, mes meilleures salutations.
  최상의 인사를 드립니다.

- Recevez, Madame, Monsieur, mes sincères salutations.
  충심의 인사를 받아주십시오

- Veuillez recevoir, Madame, Monsieur, l'assurance de ma considération distinguée.
  각별한 배려의 마음을 받아주십시오.

- Je vous prie d'agréer, Madame, mes respectueux hommages.
  정중한 경의를 전합니다.

- Recevez, Monsieur, mes salutations distinguées.
  각별한 인사를 받아주십시오.

- Recevez, Madame, Monsieur, mes salutations respectueuses.
  저의 존경하는 인사를 받아주십시오.

- Je vous prie d'agréer, Monsieur, l'assurance de mon profond respect.
  저의 깊은 존경의 확신을 전합니다.

- Je vous prie d'agréer, Monsieur le Directeur, l'expression de mon profond respect.
  사장님, 저의 깊은 존경을 전합니다.

- Je vous prie de recevoir, Monsieur le Directeur, mes respectueuses salutations.
  사장님, 저의 존경이 담긴 인사를 받아주십시오.

## e메일의 기본은 인사말

- Je vous prie d'agréer, Monsieur, l'expression de nos sentiments respectueux et dévoués.
존경하며 헌신하는 인사를 전합니다.

- Veuillez croire, cher Monsieur, à mes sentiments cordiaux et respectueux.
진심이며 존경하는 감정을 전합니다.

cordial 다정한, 진심의 (복수형 cordiaux)

- Nous vous prions de croire, Monsieur, à l'expression de nos sentiments les plus dévoués.
가장 헌신하는 감정의 표현을 전합니다.

- Veuillez agréer, Madame, Monsieur, l'expression de mes sentiments respectueux.
존경하는 감정을 받아주세요.

- Dans l'attente de votre accord, je vous prie d'agréer, Madame, Monsieur, mes salutations distinguées.
답신을 기다리며 각별한 인사를 전합니다.

- Veuillez agréer, Madame, Monsieur, l'expression de mon profond respect.
마음 속 깊은 존경을 전합니다.

② **간단한 인사**

간결하지만 상대방에 대한 예의가 담긴 짧은 인사들이다. e메일에 적합한 간략한 인사이다.

- Cordialement 다정하게

- Bien cordialement 매우 다정하게

- Sincères salutations 진심의 인사

- Sincèrement 진심으로

- Bien sincèrement 매우 충심으로

- Cordialement vôtre 진심으로 당신에게

- Sincèrement vôtre 신실하게 당신의

- Avec mes salutations 인사를 전하며

- Avec mes remerciements 감사의 뜻을 전하며

- Bien à vous 안녕 (친한 사이의 끝인사)

## ③ 친구들 간의 인사

친한 친구들 사이에서 짧은 몇 마디의 말로 우정을 나타낼 수 있는 귀한 표현이다.

- Amitiés. 우정

- Amicalement. 정답게

- Veuillez trouver ici l'assurance de mon amitié.
  나의 우정이 전달되기를

- Toutes mes amitiés.
  우정의 뜻을 보내며

- Recevez, cher ami, mes sincères salutations.
  신실한 인사를 받아주세요.

- Recevez, avec toute mon amitié, mes salutations distinguées.
  나의 우정과 각별한 인사를 받아주세요.

- Veuillez croire à mon meilleur souvenir.
  가장 나은 추억을 받아주세요

- Veuillez trouver ici l'assurance de mon amitié.
  여기서 나의 우정을 찾아주세요

assurance (f.) 확신, 보증

## ④ 사회생활에 널리 필요한 인사

- Veuillez agréer, Madame, Monsieur, mes salutations distinguées.
  각별한 인사를 받으십시오,

- Je vous prie d'agréer, Madame, Monsieur, l'expression de mes sentiments distingués.
  특별한 감정의 표현을 전합니다.

- Veuillez agréer, Monsieur, l'expression de mes meilleurs sentiments.
  최고의 감정 표현을 전합니다.

- Je vous prie d'agréer, Madame, Monsieur, l'expression de ma considération distinguée.
  각별한 배려의 표현을 전합니다.

- Je vous prie de croire, Madame, Monsieur, à l'expression de mes sentiments distingués.
  특별한 감정의 표현을 믿어주십시오,

- Je vous prie de croire, Madame, Monsieur, à ma considération distinguée.
  각별한 배려를 믿어주십시오,

- Je reste à votre disposition pour convenir d'un rendez-vous afin de vous démontrer ma motivation lors d'un entretien.
  인터뷰 외의 지원동기를 보여드릴 수 있는 약속을 잡으실 수 있습니다.

  à votre disposition 마음대로 할 수 있다.

- Si mon profil vous intéresse, rencontrons-nous. Je vous prie d'agréer, Madame, Monsieur, mes respectueuses salutations.
저의 프로필에 관심 있으면 만날 수 있습니다. 존경하는 인사를 전합니다.

### ⑤ 군(軍)에서 사용하는 인사
계급과 서열이 분명한 군대 사회 내에서 사용하는 인사말.

- Je vous prie de bien vouloir agréer, mon Général, mes sincères et respectueuses salutations.
장군님, 신실하고 존경하는 인사를 전합니다.

- Je vous prie de bien vouloir agréer, mon Colonel, mes sincères et respectueuses salutations.
대령님 신실하고 존경하는 인사를 전합니다.

- Je vous prie de bien vouloir agréer, mon Commandant, mes sincères et respectueuses salutations.
사령관님 ...

- Je vous prie de bien vouloir agréer, mon Capitaine, mes sincères et respectueuses salutations.
대위님/ 함장님 ...

- Je vous prie de bien vouloir agréer, mon Lieutenant/Lieutenant, mes sincères et respectueuses salutations.
부관 / 중위님 ...

## ⑥ 정치권에서의 인사

- Je vous prie d'agréer, Monsieur/Madame le Secrétaire général de l'Elysée, l'expression de mon profond respect.
  엘리제 궁 (대통령 관저) 사무총장님, 깊은 존경의 표현을 전합니다.

- Je vous prie d'agréer, Monsieur/Madame le Directeur du cabinet, l'hommage de mon respectueux dévouement.
  내각 대표님, 존경하는 헌신의 경의를 표합니다.

- Je vous prie d'agréer, Monsieur le Premier Ministre, l'expression de ma très haute considération.
  총리님, 대단한 존중의 표현을 전합니다.

- Avec mes respectueux hommages, je vous prie d'agréer, Monsieur le Premier Ministre, l'expression de ma très haute considération.
  총리님, 존경하는 경의와 함께 매우 높은 존중의 표현을 전합니다.

- Je vous prie de bien vouloir agréer, Monsieur/ Madame le Garde des - Sceaux, ma plus profonde considération.
  법무장관님, 깊은 배려의 인사를 전합니다.

- Je vous prie d'agréer, Monsieur le Garde des Sceaux, l'expression de ma haute considération.
  법무장관님, 깊은 배려의 표현을 전합니다.

- Avec mes respectueux hommages, je vous prie d'agréer, Madame le Ministre d'Etat, l'expression de ma considération la plus distinguée.
정무장관님, ...
- Je vous prie d'agréer, Monsieur le Président, l'expression de ma très haute considération. (Président de l'Assemblée nationale/du Sénat/
의장님 / 상원 의장님, ...

- Je vous prie d'agréer, Monsieur le Président / Monsieur le Député, l'expression de ma considération distinguée. (Président de Commission parlementaire ou Député)
의장님/ 국회의원님, ,,,

## ⑦ 종교계에서의 인사

종교지도자들에게도 이들에 합당한 표현을 사용해야 한다.

- Je vous prie d'agréer, très Saint Père, l'expression de mon immense et profonde dévotion.
  신부님, 저의 넓고도 깊은 헌신의 인사를 드립니다.

- Je vous prie d'agréer, monseigneur l'êveque, l'expression de ma respectueuse et sincère dévotion. (Cardinal)
  주교/추기경님, 저의 존경하며 신실한 헌신을 보냅니다.

- Je vous prie d'agréer, mon Père, l'expression de ma profonde dévotion. (Curé)
  신부님, 깊은 헌신의 표현을 전합니다.

- Je vous prie d'agréer, Eminence, l'expression de ma respectueuse et sincère considération. (Cardinal)
  추기경 예하, 존경하며 신실한 고려의 표현을 전합니다

## ⑧ 돌아가신 분에게 드리는 인사

슬픔과 애도의 뜻이 잘 나타나도록 분명하게 표현한다.

- Soyez assuré de nos sentiments les plus affectueux.
  가장 자애로운 감정을 받아주소서.

  affectueux 다정한, 정다운

- Je partage votre peine en ce moment de deuil. Mes condoléances, à vous et à votre famille.
  지금 당신의 고통을 나눕니다. 당신과 당신 가정에 위로를 드립니다.

  partager 나누다, 공유하다

- Mes condoléances, à vous et à votre famille.
  당신과 당신 가정에 위로를 전합니다.

  condoléances (여성 복수) 조의, 애도의 뜻

- Je vous adresse avec mon amitié, mes plus affectueuses condoléances.
  나의 우정과 함께 가장 다정한 위로를 전합니다.

- Prenant part à votre douleur, nous vous présentons nos sincères condoléances.
  당신의 고통을 함께 하며 신실한 위로를 전합니다.

  prendre part à ~에 참여하다. 함께 느끼다. 나누다.

# 프랑스어 e메일

# I

# 미리 익혀두어야 할 표현

프랑스어 e메일

# I 미리 익혀두어야 할 표현

## 1 편지의 시작과 끝인사

### A. 알지 못하는 사람에게 (공식 서한에서)

시작 : Monsieur,
끝 : Croyez, Monsieur, à l'expression de ma considération distinguée.
각별한 경의를 표합니다.

시작 : Madame,
끝 : Je vous prie d'agréer, Madame, l'expression de mes respectueux hommages.
저의 존경을 담은 경의를 표합니다.

시작 : Mademoiselle,
끝 : Je vous prie de recevoir, Mademoiselle, l'expression respectueuse de tous mes compliments.
저의 정중한 인사를 받아주십시오.

### B. 개인적으로 알고 있는 사람들에게

시작 : Cher Monsieur,
끝 : Croyez, cher Monsieur, à l'expression de mes sentiments les meilleurs

(또는 les plus distingués)
각별한 저의 마음을 전하고자 합니다

시작 : Chère Madame,
끝 : Je vous prie de croire, Madame, à l'expression de mes respectueux hommages.
정중하게 경의를 표합니다.

시작 : Chère Mademoiselle,
끝 : Veuillez recevoir, Mademoiselle, l'expression de tous mes compliments.
저의 인사를 드립니다.

## C. 친구나 친지에게

시작 : Cher ami,
끝 : Croyez, cher ami, à mes sentiments dévoués.
헌신적인 나의 마음을 보냅니다.

시작 : Chère amie,
끝 : Recevez, chère amie, mon (notre) meilleur souvenir.
나의 소중한 기억을 전합니다.

시작 : Cher Paul, chère Marie-Hélène,
끝 : Recevez toutes mes amitiés.
나의 우정을 표합니다.

## 미리 익혀두어야 할 표현

시작 : Ma chère Catherine,
끝 : Je te prie de croire à mon affectueux souvenir.
애정어린 기억을 보낸다.

시작 : Mon cher Jean
끝 : Bien affectueusement à toi.
너에게 다정하게

시작 : mon cher filleul
다정한 대자에게
끝 : Reçois mes meilleurs baisers.
나의 소중한 사랑의 표현을 전한다.

\* filleul 영세 대자(代子), 피후견인

시작 : Ma chère marraine
정다운 대모님께
끝 : Je t'embrasse bien affectueusement
다정하게 포옹합니다.

\*marraine 가톨릭의 대모(代母)

시작 : Mon cher Manuel,
끝 : Amitiés de ton copain.
네 친구의 우정과 함께

시작 : Ma chère Céline,
끝 : Gros baisers.
커다란 뽀뽀를 보낸다.

## 2 연말연시에 주고 받는 인사

다음의 인사는 프랑스에서, 미국에서와 달리 크리스마스 이전에만 보내는 것이 아니라 새해의 첫 달인 1월 한달 동안에 주로 나누게 된다. 이때에는 자신의 소식과 지난 한 해 동안 식구들에게 있었던 일에 대해 사연을 쓰게된다. 캐나다의 퀘백 지역에서는 주로 크리스마스 이전에 성탄과 새해 인사를 보낸다.

- Recevez nos meilleurs voeux de santé et de bonheur pour 2025
 건강하고 행복한 2025년 되기 바랍니다.

- Meilleurs voeux pour la nouvelle année!
 새해 복 많이 받으세요.

- Joyeux Noël et Bonne Année!
 성탄을 축하하고 새해 복 많이 받으세요.

- Bonne et heureuse année !
 복되고 즐거운 새해 맞으세요.

- Je vous espère en excellente santé.
 건강하시기 바랍니다.

- Je vous souhaite tout le bonheur et le succès que vous méritez.
 당신께 합당한 행복과 성공을 기원합니다.

- Bon anniversaire !
 생일 축하합니다.

### 미리 익혀두어야 할 표현

- Bonne fête !
  즐거운 명절 (생일) 보내기를 !

- Joyeuses Pâques !
  즐거운 부활절 보내세요.

- Passez de bonnes fêtes de Pâques.
  유쾌한 부활절 휴가 보내세요.

- Bonnes vacances !   휴가 잘 지내세요.

- J'espère que vous passerez de bonnes vacances.
  휴가 잘 지내시기 바랍니다.

- Bon voyage !   여행 잘 하세요.

- Je vous souhaite un excellent voyage en Europe.
  멋진 유럽 여행하시기 바랍니다.

## 3 e메일에 자주 쓰는 프랑스어 표현 정리

### à l'inverse 반면에

A l'inverse on peut se demander si ce n'est pas un choix délibéré de l'auteur.
그 반대로 사람들은 그것이 작가의 단호한 선택이 아니었는지 의문을 가질 수도 있다.

> délibéré 심사숙고한 후의, 단호한

### à savoir 즉, 말하자면

Pendant la période d'incubation, à savoir deux semaines avant que la maladie ne se déclare, le sujet est très contagieux.
잠복기 동안, 말하자면 그 질병이 발표되기 2주일 전에, 그 주제는 매우 전염성이 높았다.

> incubation (f.) 부화, 잠복기  contagieux 전염성의, 영향을 미치는

### au contraire 반대로

On découvre, au contraire, que le personnage est coupable du crime.
그와 반대로 사람들은 그 사람이 범죄에 있어서 유죄라는 사실을 알게 된다.

> personnage (m.) 인물, 등장인물  coupable 잘못을 저지른, 유죄의

### aussi 그래서 (그 다음에 오는 주어, 동사는 도치), 역시

Aussi faut-il tenir compte des bouleversements sociaux qu'a connus le XIXe siècle.
그러니까 19세기에 있었던 사회적 혼란을 고려해야 한다.

> tenir compte de q.c ~을 고려하다  bouleversements (m.) 뒤엎기, 전복

Aussi, il est intéressant de constater à quel point l'auteur est influencé par son milieu social.
어느 정도로 작가는 자신의 사회적 환경에 영향을 받았는지 확인하는 것도 흥미있는 일이다.

à quel point 어느 정도로, 얼마나

### autant dire que 달리 말하자면

Autant dire qu'il faut se méfier des jugements hâtifs.
달리 말해 성급한 판단을 조심해야 한다.

se méfier de ~을 경계하다

### autrement dit 달리 말해서

Nous sommes en 1919, autrement dit au lendemain de la première guerre mondiale.
우리는 지금은 1919년인데, 달리 말하자면 제1차 세계대전 직후이다.

au lendemain de ~ 직후인

### avant tout/ avant toute chose 무엇보다도

Avant toute chose, il convient de rappeler les différentes étapes de l'évolution de l'enfant.
무엇보다도 어린이의 다른 발전 단계들을 기억하는 것이 좋을 것 같다.

il convient de + 동사원형 / que 접속법 ~ 하는 것이 좋다.

### bien que 비록 ~이지만 (+ 접속법)

Bien que l'euthanasie ne soit pas légalisée, certains médecins la pratiquent à la demande des familles.

비록 안락사(安樂死)가 합법적인 것은 아니지만, 몇몇 의사들은 가족들의 부탁을 받고 그것을 시행하고 있다.

euthanasie (f.) 안락사　légaliser 합법화하다

### C'est pourquoi 그래서

C'est pourquoi il faut d'abord s'interroger sur les motivations du personnage.
그래서 우선 그 사람의 동기에 대해 의문을 가져야 한다.

motivation (f.) 동기, 인과관계

### cela dit 그렇게 말한 것은

Ce n'est peut-être qu'une tendance passagère. Cela dit, on ne peut nier que le phénomène existe.
그것은 아마도 일시적인 현상일지 모른다. 그렇게 말한 것은 그런 현상이 존재

# 미리 익혀두어야 할 표현

한다는 것을 부정할 수는 없을 것 이다.

*phénomène* (m.) 현상

### cependant 하지만, 그러나

Il n'est cependant pas considéré comme un auteur majeur.
하지만 그는 주요 작가로 간주되지는 않는다.

Le temps étais vraiment mauvais, ils ont cependant voulu faire du bateau.
날씨가 정말 나빴지만, 그들은 그래도 뱃놀이를 하고 싶어했다.

### certes 물론, 확실히

Certes, la vengeance n'est pas la seule motivation du héros.
물론 복수만이 그 주인공의 유일한 동기(動機)는 아니다.

Tu penses que ce projet est possible? Certes mais il faut encore y réfléchir.
너는 이 계획이 가능하다고 생각해? 물론, 하지만 더 심사숙고해야 할 것이다..

### d'abord 우선

Nous verrons, d'abord, comment l'auteur décrit la tristesse du personnage.
우리는 우선 작가가 어떻게 등장인물의 슬픔을 묘사했는지 보게된다.

### d'où 그렇기 때문에

D'où la nécessité pour l'enfant de s'identifier à des personnages imaginaires.
바로 이 점에서 어린이는 상상의 인물들과 동일화하려는 필요가 있다.

s'identifier à 동일시하다

### donc 그래서

Nous évoquerons donc les poètes contemporains de Verlaine.
우리는 베를렌느와 동시대 시인들을 거론할 것이다.

### du moins 어쨌든, 적어도

C'est du moins l'hypothèse la plus crédible.
어쨌든 그것이 가장 믿을만한 가정이다.

### en bref 간단히 말해

En bref, il s'agit d'un constat d'échec.
간단히 말해서 그것은 실패를 인정한 것이다.

## en d'autres termes 달리 말하자면

L'enfant accepte mal l'arrivée d'un nouveau-né. En d'autres termes, il est jaloux.
어린이는 새로 아기가 태어나는 것을 받아들이기 어렵다. 달리 말해 그는 질투하는 것이다.

## en effet 과연, 참으로

L'auteur connaissait bien le milieu bancaire. Il avait, en effet, travaillé pour une grande banque parisienne pendant près de dix ans.
작가는 은행권에 대해 잘 알고 있었다. 역시 그는 파리에 있는 큰 은행에서 10년 가까이 일했다.

le milieu bancaire 은행 관련 세계

## en fait 사실

En fait, on ignore tout des liens qui les unissent.
사실, 사람들은 그들을 엮고 있는 관계들에 대해 전혀 모르고 있다.

## en outre 게다가

En outre, il faut préciser que Verdi était un fervent partisant de l'unité italienne.
그 외에도 베르디는 이탈리아 통일에 대한 적극 지지자였다는 것을 구체적으로 말해야한다.

fervent 열렬한 애호가, 팬

## en premier lieu 우선

Nous nous attacherons, en premier lieu, à rappeler la situation économique du pays

avant la révolution.
우리는 혁명 이전에 우선 이 나라의 경제 상황에 집중해야 할 것이다.

### en résumé 요약하자면

En résumé, on peut dire que la télévision a volé une partie des spectateurs du cinéma.
요약하자면 TV가 영화 관람객의 일부를 빼앗았다고 할 수 있다.

### en revanche 그 반면

En revanche, il est peu crédible que l'auteur ait ignoré l'œuvre de Baudelaire.
그 작가가 보들레르의 작품을 몰랐다는 것은 거의 믿기 힘든 일이다.

## 미리 익혀두어야 할 표현

### encore 그래도 (문장의 첫머리에 놓이며 주어, 동사는 도치)

Ces champignons ne sont, paraît-il, pas dangereux. Encore faut-il savoir les distinguer des autres.
이 버섯들은 위험해 보이지는 않는다. 그래도 다른 것들과 구분할 줄은 알아야 한다.

### enfin 마침내, 마지막으로

Enfin, nous essaierons de souligner les points communs des deux poètes.
끝으로 우리는 두 시인의 공통점을 강조할 것이다.

### ensuite 그리고, 계속해서

Nous parlerons ensuite des problèmes d'insertion des immigrés.
그리고 우리는 이민자들의 동화(同化)에 대해 이야기할 것이다.

### mais 그러나

Mais cela ne justifie pas le recours à la violence.
그러나 그것이 폭력에 의존하는 것을 정당화하지는 않는다.

### malgré ...에도 불구하고 (malgré + 명사)

Malgré son immense succès, il est resté très simple.
자신의 엄청난 성공에도 불구하고 그는 매우 겸손하다.

### néanmoins 그러나, 그럼에도 불구하고

Il faut néanmoins préciser qu'il a grandi au sein d'une famille très pratiquante.
그러나 그가 매우 독실한 가정에서 성장했다는 것을 밝혀야한다.

pratiquant 교회에 충실한 신자

## or 그런데

Or l'auteur est lui-même d'origine slave.
그런데 작가 자신이 슬라브 태생이다.

## par ailleurs 게다가

On sait, par ailleurs que le chat tient une place importante dans l'Antiquité égyptienne.
그것뿐만 아니라 고양이는 고대 이집트에서 중요한 위치를 차지한다.

## par conséquent 그러므로, 따라서

Il faut, par conséquent, tenir compte du contexte historique.
따라서 역사적 맥락을 이해해야 한다.

tenir compte de ~를 고려하다

## pour finir 끝으로

Pour finir, nous nous interrogerons sur l'avenir du livre, dans un monde où le support informatique prend chaque jour plus d'importance.
끝으로, 우리는 정보 매체가 날로 중요함을 더하고 있는 세계에서 서적의 미래에 대해 생각해보게 됩니다.

## pourtant 하지만, 그럼에도 불구하고

Le problème racial ne constitue pourtant pas la seule explication.
인종 문제만으로는 설명이 되지 않는다.

## quoi qu'il en soit 어쨌든 간에

Quoi qu'il en soit, ces mesures mettront du temps à produire leur effet.
어쨌든 이 방법은 효과를 보려면 시간이 걸릴 것이다.

## seulement 다만, 그러나

Seulement, le destin en a décidé autrement.
그러나 운명은 그것에 대해 다른 선택을 했다.

## toutefois 그렇기는 하지만, 그럼에도 불구하고

Le roman n'est toutefois pas entièrement autobiographieque.
그렇기는 하지만 그 소설이 완전히 자전적(自傳的)이지는 않다.

 프랑스어 e메일

# II

# 주제별로 본 서신

프랑스어 e메일

# 1 친한 사이에서

## 1 생일을 맞은 친구에게

Mon cher Jacques,

Je suis désolé de ne pas pouvoir être avec toi dimanche prochain.
Alors, je t'écris pour te souhaiter un bon anniversaire et te dire que tu nous manques ici. Les copains et moi, on est allés au cinéma cet après-midi. On a parlé de toi, et ils m'ont chargé de t'envoyer leurs amitiés et leurs bons vœux. Nous espérons que tu te plais à Marseille et que tu nous écriras tes impressions.

Je pense que tu vas célébrer tes vingt ans en famille et peut-être avec tes nouveaux amis. Amuse-toi bien ! A bientôt une lettre de toi.

Ton copain

Martin

정다운 자크에게

오는 일요일에 너와 함께 하지 못해 미안하다. 그래서 생일을 축하하기 위한 편지를 쓰는 것이고 여기서 우리는 너를 그리워한다는 것을 말해주고 싶구나. 친구들과 나는 오늘 오후에 영화를 보러 갔었다. 우리는 네 이야기를 했고, 친구들은 자신들의 우정과 함께 바람을 내게 보내라고 했다. 우리는 마르세유가 네 마음에 들었으면 좋겠고, 네가 받은 인상들을 우리에게 보내주기 바란다.

나는 네가 20세 생일을 가족과 함께, 그리고 아마 새로 사귄 친구들과 축하하리라 생각한다. 잘 즐겨라. 너의 조속한 답장을 기다린다.

너의 친구

마르탱

---

désolé ...을 유감으로 여기다 être avec toi 너와 같이 보내다 souhaiter un bon anniversaire 생일을 축하하다 tu nous manques 우리는 너를 그리워한다 copain (m.) 친구 charger ...하도록 시키다 impression (f.) 느낌, 인상 se plaire à ...이 마음에 들다

## 2 성인(聖人) 축일을 맞은 사촌에게

Ma chère Angèle,

En regardant le calendrier l'autre jour, j'ai vu que ce serait bientôt la fête de ma cousine préférée, le 27 janvier. C'est pourquoi je prends la plume pour t'envoyer mes affectueuses pensées à cette occasion.

Je vais aussi mettre à la poste un petit cadeau pour toi, et j'espère qu'il te fera plaisir. Maman m'a aidée à le choisir. Ici, tout le monde va bien. Comme c'est dimanche, on va tous aller dans les Laurentides.

　Toute la famille se joint à moi pour te souhaiter une bon

Je t'embrasse bien affectueuse

Pauline

---

정다운 앙젤에게

　얼마 전 달력을 보면서 내가 좋아하는 사촌의 성인 영명 축일이 멀지 않은 1월 27일이라는 것을 알았다. 그래서 이 기회에 나는 펜을 들어 나의 애정 어린 생각을 너에게 보내는 것이다.

　우체국에서 너에게 줄 작은 선물도 보내니, 너의 마음에 들기 바란다. 엄마는 내가 선물 고르는 일을 도와주었다. 여기는 모두 잘 지내고 있다. 일요일이기 때문에 우리는 모두 로랑티드에 간다.

　모든 나의 가족은 축일을 잘 보내기 바라는 나와 뜻을 같이하고 있다.

　아주 다정하게 너에게 포옹을 하며

　폴린

성인 축일 : 가톨릭 교회에서 자신의 세례명으로 정한 성인의 축일을 자신의 영적인 생

일, 즉 영명축일이라고 한다. 이날 대부모나 주변 신자에게서 축하받고, 미사에 참석해서 은혜를 받는다면 참으로 뜻 깊은 영명축일이 될 것이다.

En regardant 쳐다보며 (제롱디프 구문) l'autre jour 일전에 ce serait bientôt 곧 ...가 되다 ma cousine préférée 내가 좋아하는 사촌 C'est pourquoi 그래서 je prends la plume 펜을 들다 à cette occasion 이번 기회에 mettre à la poste 우송하다 qu'il te fera plaisir 그것이 네 마음에 들기를 se joint à moi 나와 함께 하다 Je t'embrasse 너를 포옹한다 effectueusement 다정하게

## 3 선물에 대한 감사 편지

Ma chère petite cousine,

Ton petit paquet et ta gentille lettre me sont bien arrivés et m'ont fait grand plaisir. C'est vraiment généreux de ta part de penser à moi pour ma fête. Je t'en remercie de tout coeur.

J'adore le bracelet ! Il est très joli, et toutes mes amies m'en ont fait des compliments. Tu as eu véritablement bon goût en le choisissant.

Papa et Maman m'ont offert un magnifique stylo, et j'en suis ravie. Je t'écris cette lettre avec le stylo, et tu peux voir que mon écriture en est embellie.

Merci encore de ton beau cadeau. Transmets toute mon affection à tes parents, à ton oncle et à tes cousins.

Mille baisers à toi,

Angèle

## II 주제별로 본 서신

나와 친한 사촌에게

    너의 정겨운 선물과 고마운 편지는 잘 도착했고 아주 기뻤다. 네가 나의 축일을 생각해준 것은 정말 고마운 일이다. 거기에 대해 너에게 진심으로 고맙다는 말을 하고 싶다.

    나는 그 팔찌를 정말 좋아한다. 그건 아주 예쁘고, 내 모든 여자 친구들도 거기에 대해 찬사를 보냈다. 너는 그것을 고르는 대단한 안목을 가졌더구나.

    아빠와 엄마는 내게 훌륭한 만년필을 선물하셨는데, 나는 그것을 무척 좋아한단다. 나는 이 편지도 그 만년필로 쓰고 있는데, 너는 내 글씨체가 얼마나 예뻐졌는지 볼 수 있을 것이다.

    다시 한번 멋진 선물 고맙다. 너의 부모님, 아저씨 그리고 사촌들에게 나의 안부를 전해다오

너에게 천 번의 뽀뽀를 보내며

앙젤

---

paquet (m.) 소포 faire plaisir 기쁘게 하다 de ta part 네 쪽에서 de tout coeur 진심으로  bracelet (m.) 팔찌 faire des compliments 찬사를 보내다 avoir bon goût 안목이 있다 magnifique 멋진, 기막힌 j'en suis ravie 그것으로 인해 매우 기뻐하다 écriture (f.) 글쓰기, 서체 embelli(e) 아름답게 된 transmetttre 전달하다

## 4  해외 친구에게, 자기 소개

Cher correspondant,

Je m'appelle Robert Ouelet, j'ai quinze ans, et je suis canadien. J'habite une petite ville, près du lac Saint-Jean, dans la province du Québec. Il y a beaucoup de neige ici en hiver, et même au printemps.

Mon père travaille dans une fabrique de papier et ma mère peint les décors du théâtre à l'université. J'ai deux frères et trois soeurs. Une de mes soeurs et un de mes frères suivent des cours à l'université. Les autres vont tous à l'école, comme moi. Je suis en quatrième et je suis un élève moyen.

J'aime beaucoup les sports : le hockey, la bicyclette et la natation. L'année prochaine, je vais faire du ski de fond avec mon frère aîné.

Raconte-moi ce que tu fais aux Etats-Unis. J'espère que nous nous entendrons bien.

Cordialement,

Robert


정다운 펜팔 친구에게

내 이름은 로베르 울레, 나이는 15세, 캐나다인입니다. 퀘백 주(州), 생-장 호수 옆에 있는 작은 마을에 살고 있습니다. 이곳은 겨울에 그리고 봄에도 눈이 많이 옵니다.

나의 아버지는 제지(製紙) 공장에서 일하고, 어머니는 대학 극장에서 무대 장식을 합니다. 나는 두 명의 형제와 세 명의 자매가 있습니다. 누나 하나, 형 하나는 대학교에 다니고 있습니다. 나머지도 모두 저처럼 학생들입니다. 나는 제4학년(중학교 3학년에 해당)이며 보통 학생입니다.

나는 하키, 자전거, 수영 같은 스포츠를 매우 좋아합니다. 내년에 나는 형과 같이 노르딕 스키를 할 것입니다.

미국에서 당신이 하는 일에 대해 말해주세요. 우리가 사이좋게 지내기를 바랍니다.

정답게

로베르

---

lac (m.) 호수 province ( f. ) 지방 dans la province du Québec 퀘벡 주에서 même ...조차도, ...까지도 fabrique (f.) 공장 les décors du théâtre 무대 장치 en quatrième 4학년에 재학중인, 중학교 3학년 un élève moyen. 보통 학생 le hockey 하키 la natation 수영 ski de fond 노르딕 스키 cordialement, 진심으로, 충심으로

---

## 4 해외 친구에게, 나와 가족 소개

Chère correspondante,

Je me présente : mon nom est Céline Parent, je suis française, et je viens d'avoir seize ans. Mes parents et moi, nous habitons une jolie ville historique sur la Loire. Il y a ici un vieux château qu'on peut visiter comme un musée.

Je vais au lycée et vais passer le bac dans deux ans. Mon frère jumeau, Guy, et moi, nous faisons nos devoirs ensemble. Il me fait réciter mes leçons et je l'aide aussi. C'est bien agréable.

Nous jouons souvent au tennis ensemble, ce qui est encore plus agréable. J'aime voyager et prendre des photos, mais mon frère, lui, préfère s'occuper de sa collection de timbres. Elle aime aussi faire du jardinage. L'été, nous allons en vacances à la plage, en Bretagne, où mes parents ont une petite maison.

J'aimerais faire ta connaissance aussi. Alors, écris-moi bien vite.

Bien amicalement,

Céline

## 정다운 서신 친구에게

저를 소개합니다. 제 이름은 셀린 파랑, 프랑스인이고 이제 막 16세가 되었습니다. 부모님과 나는 루아르 강변에 있는 고풍스런 예쁜 마을에 살고 있습니다. 이곳에는 사람들이 박물관처럼 가 볼 수 있는 오래된 성(城)이 있습니다.

나는 고등학교에 다니고 있고, 2년 후에 대학입학 자격시험을 봅니다. 나와 쌍둥이 남자 형제 기(Guy)와 나는 과제물을 같이 합니다. 그는 내게 학과 내용을 암송하게 해주고, 나도 그를 도와줍니다. 참으로 유쾌한 일이지요.

우리는 자주 테니스도 함께 하는데, 그건 더욱 기분 좋은 일이지요. 나는 여행과 사진 찍기를 좋아하는데, 기는 우표수집을 더 좋아합니다. 나의 아버지는 신발 가게를 하시고 어머니는 재단사입니다. 어머니는 정원 가꾸기도 좋아합니다.

여름에 우리는 브르타뉴에 있는 해변으로 바캉스를 떠나는데, 부모님은 그곳

## II 주제별로 본 서신

에 작은 집을 갖고 계십니다.
  당신에 대해서도 알고 싶어요. 그럼, 빨리 답장해주세요.

아주 다정하게

셀린

---

Je me présente 나 자신을 소개하다  sur la Loire 루아르 강에 접한  passer le bac 대학입학 자격시험(바칼로레아)를 치르다  mon frère jumeau 내 쌍둥이 형제  réciter les leçons 학과 내용을 암송하다  s'occuper ..를 맡아 하다, 돌보다  collection de timbres 우표 수집  faire du jardinage 정원을 가꾸다  faire ta connaissance 너에 대해 알게 되다.

## 5 친구의 새집 입주를 축하하며 (1)

Une nouvelle demeure comme la vôtre rend assurément la vie plus agréable !

Mais ce qui rend agréable avant tout cette nouvelle demeure pour les autres...

... c'est vous-mêmes qui l'habitez.

당신의 새집이 삶을 더욱 쾌적하게 합니다.
그리고 무엇보다 새집이 다른 이들을 보다 기쁘게 하는데
그것은 바로 그곳에 사는 당신입니다.

---

Une nouvelle demeure 새 집  la vôtre = votre naison 당신의 집  assurément 확실히, 틀림없이  agréable 유쾌한, 쾌적한

## 5 새집 입주 축하 (2)

Des souhaits tout chauds afin que votre nouveau foyer contribue à votre bonheur en répondant à toutes vos attentes.

Des vœux également pour que vos voisins immédiats soient des gens aussi sympathiques que vous-mêmes!

당신의 모든 기대에 부응하는 행복에 당신의 새집이 기여할 수 있도록 하는 뜨거운 바람들
그리고 당신의 바로 이웃들이 당신 자신들처럼 정답기를 바라는 희망들

---

souhait (m.) 바람 nouveau foyer 새로운 집 contribue à ~에 기여하다 en répondant à ~에 부응하는, 상응하는 voisins immédiats 바로 옆 이웃들 sympathique 사람이 좋은, 정다운

---

## 6 당선된 시장에게 축하 인사

Monsieur le Maire,

J'ai appris avec plaisir votre élection à la mairie de ... je suis votre action depuis plusieurs années, et considère cette élection comme l'aboutissement naturel d'un parcours durant lequel vous avez sans doute douté, puis repris courage.

Je vous précise qu'à ce message s'associent aussi des électeurs ayant fait un autre choix et qui, au fond d'eux-mêmes vous font confiance pour être aussi désormais l'interprète de leurs aspirations.

Veuillez croire, monsieur le Maire, en tous nos voeux de réussite dans le mandat que vous aller assurer.

시장님,
기쁨으로 시장님의 당선을 알게 되었습니다. 나는 몇 년 전부터 시장님의 활동을 지지해왔으며 이번 선거를 시장님 자신도 처음에는 의심하다가 확신하게 된 경주라고 파악합니다.

이 메시지에는 다른 선택을 한 유권자들의 뜻도 결합되어 있는데 궁극적으로는 지금부터 그들의 열망을 실현하기 위해 시장님을 믿는 것입니다.

앞으로 수행할 임기 중의 모든 성공을 기원합니다.

---

suivre > suis 지지하다, 동조하다 aboutissement (m.) 성과, 결말  aspiration (f.)열망 , 희구  mandat (m.) 임기, 직무

---

## 7 결혼 축하 인사 (1)

Une promesse d'amour

"Le mariage est l'accomplissement d'un rêve et le commencement de nombreux autres."

Puissiez-vous connaître tous les deux, année après année, les joies du partage, les plaisirs de l'amitié et les délices de l'affection afin que la vie vous apporte sans restriction ce qu'il y a de meilleur et de plus précieux.

Félicitations!

사랑의 약속
"결혼은 꿈의 실현이며 무수한 일들의 시작이다."
내외분은 한해 한해 공유의 기쁨, 우정의 즐거움 그리고 애정의 달콤함을 갖고 삶이 아무런 방해 없이 가장 귀하고 소중한 것을 갖게 할 수 있을까요

축하합니다 !

---

promesse (f.) 약속, 선서  accomplissement (m.) 달성, 실현  Puissiez pouvoir 동사의 접속법 현재형 partage (m.) 공유, 분담

## 7 결혼 축하 인사 (2)

Que ce grand jour marque le début d'une suite ininterrompue de moments heureux dont vous ferez partage tous les deux.

Félicitations!

이 중요한 날은 내외분이 함께 할 행복한 순간의 끊임없는 연속의 시작을 뜻합니다.

축하합니다.

---

ininterrompu(e) 끊임 없는, 부단한  faire partage 공유하다

## 7 결혼 축하 인사 (3)

"Le mariage, c'est un beau moment de partage."

C'est un moment inoubliable que vous allez vivre tous les deux, et c'en est également un pour tous ceux qui vous aiment et espèrent vous voir heureux. On partage de tout coeur votre joie et votre bonheur et on sera avec vous en pensée tout au long de cette belle journée.

Félicitations!

"결혼은 공유하는 아름다운 순간이다"

잊지 못할 순간으로 두 분은 함께 살아갈 것이며 마찬가지로 두 분을 사랑하는 모든 사람들이 행복할 것을 기대하는 순간이기도 합니다. 당신의 즐거움과 행복을 함께 하며 이 아름다운 날 동안 두 분을 생각할 것입니다.

축하합니다.

**inoubliable** 잊을 수 없는  **c'en** 지시대명사 ce + en이 축약된 형태,

## 8 생일 축하 인사 (1)

Que cette pensée affectueuse pour une belle-fille indispensable résonne d'une manière toute particulière en ce jour d'anniversaire!

예쁜 아가씨는 꼭 필요하다는 아름다운 생각이
생일인 오늘 특이하게 울리네요

**affectueux, se** 정다운, 다정한  **indispensable** 필수 불가결한, 없어서는 안될  **résonner** 울리다, 반향하다

## 8 생일 축하 인사 (2)

Pour ta fête, chaque moment doit t'apporter le bonheur, et chaque minute un plaisir particulier. Si toutes ces choses que tu mérites tant se réalisent aujourd'hui, il est certain que tu trouveras plus de bonheur que les mots ne pourront jamais exprimer.

Joyeux anniversaire!

너의 생일에 모든 순간 행복을 가져다주기 바라고 매 분마다 특별한 즐거움이

오기 바란다. 너에게 합당한 모든 것들이 오늘 실현된다면 너는 어떤 말도 표현하지 못하는 더 큰 행운을 찾을 것이다.

생일 축하해

## 8 생일 축하 인사 (3)

En des occasions comme celle-ci, on se sent particulièrement heureux d'être parents...

Les petites inquiétudes bien naturelles que l'ont a parfois éprouvées pour ce fils bien aimé font place à la joie de constater ses nombreuses réussites dans la vie.

Il faut souvent quelques années aux parents pour apprendre à apprécier pleinement leur enfant tel qu'il est.

Heureux Anniversaire!

이 순간 부모가 되어 정말 기쁘다.
이 사랑스런 아들을 낳으려고 걱정했던 것들은 삶의 성공을 확인시키는 기쁨이 되었다. 어린이를 있는 그대로 완전히 평가하려면 부모에게 몇 년은 필요하다.

행복한 생일 !

---

inquiétude (f.) 불안, 염려  constater 증명하다, 확인하다  tel qu'il est 그의 상태 그대로

## 8  부모님 생신 축하

Il est rare que nous prenions le temps d'exprimer notre gratitude pour toutes les bonnes choses que nous procures ta grande sagesse. Mais tu dois savoir que nous t'aimons beaucoup et que c'est surtout grâce à toi si nous aimons la vie.

Joyeux Anniversaire!

당신의 커다란 지혜로 우리가 모든 것을 갖게 해주었지만 고마움을 표현하는 일이 거의 없었습니다. 하지만 우리는 당신을 정말 사랑하고 당신 덕에 우리는 삶을 사랑할 수 있습니다.

행복한 생일 맞으세요 !

---

gratitude (f.) 감사의 마음  procurer 마련해주다

## 9  개인적인 부탁

Mon cher Jean-Pierre,

Cette lettre est difficile pour moi à écrire, mais si je ne savais pas que tu es un ami loyal et discret, je ne pourrais pas te demander ce grand service.

Il se trouve que je serai à court d'argent dans deux semaines, et que je ne sais où ni à qui emprunter la somme dont j'ai besoin. Pourrais-tu m'avancer 200

**euros** pour ma dernière semaine à Paris avant les examens? Je te les rendrai aussitôt que je serai rentrée à la maison et que j'aurai gagné un peu d'argent cet été. Je dois travailler à bien. Mon père m'a aussi promis une certaine somme, mais je n'ose pas la lui demander à l'avance.

Si tu peux me rendre ce service, *je t'en serai éternellement reconnaissance.*

Bien amicalement à toi,

Nicole

---

정다운 장 피에르에게

이 편지는 내가 쓰기 어려운 것이지만, 네가 신실하고 신중한 친구란 것을 알지 못한다면 나는 이처럼 커다란 부탁을 할 수 없었을 것이다.
나는 2주일만 있으면 돈이 바닥나게 되는데, 나는 내가 필요로 하는 액수를 누구에게 빌려야 할지 모르겠다. 너는 내가 시험이 끝나기까지 파리에서 마지막 주일을 보낼 수 있도록 200 유로를 빌려줄 수 있겠니? 내가 집에 돌아가자마자 돌려줄 것이고, 이번 여름에 어느 정도 벌 것도 있다. 나는 시내에 있는 레스토랑에서 종일 일하게 되어있는데, 급여가 괜찮을 것 같다. 아버지도 내게 얼마의 액수를 약속하시긴 했지만 감히 미리 부탁드리지는 못하겠다.
네가 이 일을 도와준다면 영원히 너를 고마워할 것이다.

너에게 다정한

니콜

difficile à écrire 쓰기 힘든  si je ne savais pas  만일 내가 몰랐다면 (가정의 표현)  loyal 성실한, 충직한  discret, ète 조심성있는, 신중한  demander le service 도움을 요청하다  Il se trouve que ... 와 같은 상황에 처하다  à court d'argent 돈이 다 떨어진  emprunter la somme 필요한 만큼 빌리다  je t'en serai éternellement reconnaissance. 그 일에 대해 영원히 고마워할 것이다

## 9 이 부탁을 들어주는 편지

Ma chère Nicole,

Tu as bien fait de m'écrire pour me demander de te prêter cet argent. Je ne voudrais tout de même pas que tu te trouves sans le sou à Paris au moment de tes examens. Et je ne pourrais pas t'aider si tu ne m'avias pas écrit.

Voici donc un chèque de 200 euros. Tu me rembourseras quand tu le pourras. Je suis en fonds en ce moment, et n'aurai sans doute pas besoin de cet argent avant la rentée.

Bonne chance pour tes examens. On se verra pendant les vacances. En attendant, crois bien, ma chère Nicole, à toute mon amitié.

Jean-Pierre

정다운 니콜에게

내게 돈을 빌려달라고 부탁한 것은 잘한 일이다. 어쨌든 나는 네가 시험기간 중에 파리에서 한푼도 없이 지내게 되는 것을 원치 않는다. 네가 내게 편지를 하

지 않았다면 나는 도울 수도 없었을 것이다.

　자, 여기 200 유로 수표가 있다. 가능할 때, 내게 갚으면 될 것이다. 나는 지금 돈이 여유가 있고, 아마 개학 전까지는 이 돈이 필요 없을 것 같다.

　네 시험에도 행운이 있기 바란다. 방학 동안 한번 만나자.

　그럼, 나의 모든 우정을 보내며


장 피에르

---

tout de même 어쨌든  sans le sou 돈이 없는  au moment de ..하는 순간에  si tu ne m'avais pas écrit. 네가 내게 편지하지 않았다면 (과거 일에 대한 가정)  chèque (m.) 수표  en fonds 돈을 가지고 있는  en ce moment 지금은  Bonne chance 행운이 있기를 바란다

## 9 이 부탁을 거절하는 편지

Ma chère Nicole,

　Ton coup de fil m'a vraiment attristé. Il se trouve, en effet, que, pour le moment, mes affaires ne vont pas bien non plus. Je ne peux donc pas disposer de la somme que tu me demandes, si minime qu'elle soit.

　Je n'ai pas voulu te donner une réponse au téléphone, mais crois bien que je regrette de ne pas pouvoir te secourir dans ce moment difficile. Pourquoi ne demandes-tu pas à ton père de t'aider? Je suis bien sûr qu'il se rendra compte qu'il faut que tu sois à Paris pour passer tes examens. Même si tu as fait des folies en dépensant ton argent, tout ce que tu risques, c'est de te faire gronder par ton père. Je le connais, ses colères ne durent pas longtemps. Alors, vas-y ! Bon

> courage !
>
> Excuse-moi encore de n'être pas en mesure de t'aider, et reçois, ma chère Nicole, mes sentiments bien amicaux.
>
> Gauthier

정다운 니콜에게,

너의 전화는 정말로 나를 슬프게 했다. 그런데, 지금은 내가 하는 일도 잘되지 않고 있다. 나는 지금 아무리 적은 금액이라도, 네가 부탁하는 금액을 갖고 있지 않다.

네게 전화로 답하고 싶지 않았다. 하지만 이처럼 어려운 때에 너를 도울 수 없어서 무척 유감이다. 왜 너의 아버지께 도와달라고 하지 않니? 아버지께서는 네가 시험을 치르려면 파리에 있어야 하는 것을 즉각 이해하실 것으로 확신한다. 네가 정신없이 돈을 썼다고 하더라도, 네가 감당해야 할 일은 다만 아버지께 야단맞는 것뿐이다. 나는 너의 아버지를 잘 알고 있고, 그의 분노는 오래 지속되지 않을 것이다. 그럼, 용기를 내서 한번 해보아라.

너를 도울 수 없는 형편이라 미안하지만, 나의 우정어린 감정을 받아주기 바란다.

고티에

---

coup de fil 전화통화  attrister 슬프게 하다  pour le moment 당분간은  mes affaires ne vont pas bien 일이 잘되지 않는다.  disposer de la somme 금액을 확보하고 있다  si minime qu'elle soit 액수가 아무리 적더라도  .donner une réponse au téléphone 전화로 답하다  secourir 구원하다, 구조하다  se rendra compte 이해하다, 깨닫다  même si 비록 …지만  faire des folies 정신나간 짓을 하다  se faire gronder 야단 맞다

## 2 초대

### 1 전원주택으로 초대

Cher Charles,

A l'occasion du pont de l'Ascension, Henri et moi invitons quelques amis dans notre maison de campagne à côté de Blois. Nous serions heureux si vous pouviez être des nôres.

Nous attendrons tous nos invités jeudi pour le déjeurer. N'oubliez pas votre équipement de golf : nous ferons un parcours si le temps le permet.

Nous vous embrassons.

Ghislaine

정다운 샤를르,

예수 승천일 연휴에 앙리와 나는 블로아 부근에 있는 전원주택에 몇몇 친구를 초대합니다. 우리들의 초대 손님이 되어주실 수 있으면 우리는 기쁠 것입니다.

우리는 목요일 점심시간을 위해 손님들을 기다릴 것입니다. 골프 장비도 잊지 마세요. 날씨가 허용한다면 라운딩을 할 것입니다.

포옹을 보냅니다.

기스렌

---

à l'occasion de ...을 계기로  pont (m.) 브릿지 할러데이, 양쪽 휴일 사이에 놓인 날을 이어 연휴로 하는 때  maison de campagne 전원주택  équipement de golf 골프장비  parcours (m.) 주행, 한 바퀴 돌기, 라운딩

## 2 축하 파티 초대

Cher Raymond,

Nous avons eu l'idée de réunir tous les copains de fac dans notre maison de Manosque le samedi 5 juillet pour arroser la thèse de Pierre. Même Albert a promis d'être là ! Ce sera à la bonne franquette.

Rendez-vous aux environs de 21 heures.

A bientôt.

Amicalement

Marie

## II 주제별로 본 서신

정다운 레이몽에게

우리는 피에르의 박사학위 취득을 축하하기 위해 7월 5일 토요일 마노스크에 있는 우리 집에서 모든 대학 친구들을 모으기로 했다. 알베르까지도 참가하기로 약속했다. 흉허물없는 자리가 될 것이다.

약속 시간은 오후 9시쯤이다.
곧 보자.

다정하게

마리

---

avoir l'idée de ...하는 생각을 하다 copains de fac 대학 친구들 (fac은 faculté의 준말) arroser 축하하기 위해 같이 술을 마시다 thèse (f.) 박사학위 논문 à la franquette 터놓고, 흉허물 없이

## 2 초대를 수락하는 말

Chers Marie et Pierre,

Super, l'idée de l'arrosage de thèse ! J'accepte, bien sûr, mais j'ai un dernier rendez-vous à 20h 15 ce jour-là, et je ne pourrai donc pas arriver avant 22h, le temps de passer chez moi pour quitter ma blouse blanche.

En attendant, bravo à Pierre, et grosses bises.

Raymond

정다운 마리와 피에르에게

박사학위 취득을 축하한다는 생각, 정말 멋지다! 물론 나는 수락하지만, 그 날 마지막 약속이 오후 8시 15분에 있고 집에 가서 흰 가운을 갈아입으려면 오후 10시 전에는 도착할 수 없을 것 같다.

브라보 피에르, 너희들을 기다리며 뽀뽀를 보낸다.

레이몽

---

super 멋진, 기막힌 l'idée de ...라는 아이디어 arrosage (m.) 먹고 마시며 즐기는 축하 행사 thèse (f.) 박사학위 논문. 석사논문은 mémoire(m.) ce jour-là 그 날에 blouse blanche 흰 가운 en attendant, 기다리며 (제롱디프).

## 3 휴가를 같이 보내자는 말

Chers Laurence et Alexandre,

Merci beaucoup pour votre carte de Suède. Nous avons pensé que nous pourrions prafiter de votre passage en France pour faire ce tour de la Carre dont nous parlons depuis si longtemps. Nous aimerions partir le lundi 23 juin, et rester jusqu'au 17 juillet, Qu'en pensez-vous?

## II 주제별로 본 서신

> Dans l'attente d'une réponse de votre part croyez chers amis, à nos sentiments les meilleurs.
>
> Lucien & Jacquelin

친애하는 로랑스와 알렉상드르,

스웨덴에서 보내준 카드 감사합니다. 프랑스에 다녀가실 때 우리가 오래전부터 그렇게 말했던 카르 지방을 같이 여행할 수 있을 것으로 생각합니다.
우리는 6월 23일 월요일에 출발해서 7월 17일까지 머물고자 합니다. 거기에 대해 어떻게 생각하세요?

답을 기다리며 우리들의 인사를 드립니다.

뤼시엥 & 자클린

---

profiter de ...을 이용하다 votre passage en France 프랑스를 지나갈 때 faire le tour de 어느 지역을 돌아보다 Dans l'attente d'une réponse de votre part 당신들의 답을 기다리며

---

## 4. 주말에 초대하는 말

> Mon cher Richard,
>
> Mes parents m'ont autorisé à inviter quelques amis à passer le week-end ici

dans deux semaines. Nous avons une résidence secondaire à la lisière de la forêt de Fontainbleau, et c'est là que je passe les grandes vacances. On pourra faire de grandes balades dans la forêt, escalader les rochers et emporter un pique-nique pour déjeuner sur l'herbe.

Es-tu libre le week-end du 16 au 17, et aimerais-tu venir avec les copains? J'invite aussi Paul, Damien, Françoise et Jacqueline. J'espère qu'ils pourront tous venir. Les garçons coucheront dans des sacs de couchage dans ma chambre, et les filles dans la chambre de mes soers. Chantale est partie en camp, mais Claire sera ici. Qu'en passe-tu?

Donne-moi une réponse aussi vite que possible. Je compte sur toi. Arrangez-vous pour voyager ensemble. Si vous prenez le train, dites-moi à quelle heure vous arriverez. J'irai vous chercher à la gare.

Ton copain,

Philippe

친근한 리샤르에게,

나의 부모님은 네게 친구들 몇 명을 2주일 후 주말에 초대해도 괜찮다고 하셨어. 우리는 퐁텐블로 숲 가장자리에 별장을 갖고 있는데, 거기서 나는 여름방학을 보낸다. 우리는 숲속을 거닐 수도 있을 것이고, 바위도 오를 수 있고 풀밭에서 점심을 먹는 피크닉을 할 수도 있을 것이다.

## ll 주제별로 본 서신

　주말인 16, 17일에 시간 있는데 친구들과 같이 올 생각이 있니? 나는 폴, 다미엥, 프랑스와즈 그리고 자클린도 초대한다. 남자애들은 내 방에서 슬리핑 백 안에서 그리고, 여자애들은 내 누이의 방에서 자게 된다. 샹탈은 캠프를 떠났지만, 클레르는 여기 있을 거다. 너는 어떻게 생각하니?

　가능한 한 빨리 답을 주기 바란다. 너를 믿는다. 같이 여행할 수 있도록 잘 조정해보아라. 열차를 이용한다면 몇 시에 도착하는지 알려다오. 역으로 너를 찾으러 갈게.

　너의 친구

　필립

---

autoriser à ... 하기를 허락하다 ici dans deux semaines 지금부터 2주일 후에 une résidence secondaire 별장, 전원주택 à la lisière de ...의 가장자리에 faire de grandes balades 널리 산책하다 escalader les rochers 바위를 오르다 dans des sacs de couchage 슬리핑백에서 aussi vite que possible 가능한 한 빨리 compte sur 믿다, 의지하다

## 4. 초대를 수락하는 말

Mon cher Philippe,

Je serai ravi de passer le week-end du 16 juillet chez toi, à Fontainbleau. Quelle bonne idée tu as eue là ! Je me suis arrangé avec Paul et Jacqueline pour voyager avec eux. Le père de Paul nous emmènera en voiture et je pense qu'on arrivera vers trois heures.

J'attends le week-end avec impatience. Merci de ton invitation et j'en remercie ta mère plus particulièrement. A bientôt donc!

Richard

---

정다운 필립에게,

7월 16일 주말을 퐁텐블로에 있는 너희 집에서 보내게 된다니 정말 기쁘다. 너는 어떻게 그렇게 멋진 생각을 할 수 있었니? 나는 폴, 자클린과 같이 여행을 하기로 시간을 맞추어놓았다. 폴의 아버지가 우리를 차로 데려다 주시기로 해서 우리는 3시쯤 도착할 것이다.

나는 주말을 애타게 기다리고 있다. 초대해주어서 고맙고, 특히 너의 어머니께 감사를 드린다. 그럼 곧 보도록 하자

리샤르

---

ravi 매우 기쁜 Quelle bonne idée ! 얼마나 좋은 생각이냐 Je me suis arrangé avec ...와 잘 조절하다 avec impatience 애가 타게 plus particulièrement 그 중에서도 특히

## 4 초대를 거절하는 말

Mon cher Philippe,

Je te remercie beaucoup de ton invitation pour le 16 et le 17. J'aimerais bien pouvoir accepter, mais, malheureusement, je suis déjà prise ce dimanche-là. Ma tante arrive du Canada et elle va rester chez nous pendant une semaine. Je dois aller la chercher à l'aéroport, et mes parents ont fait des projets pour dimenche.

Je regrette de manquer le pique-nique, mais j'espère que l'occasion se présentera à nouveau cet été. C'est tellement sympathique quand on peut se rencontrer entre copains pendant les grandes vacances!

J'ai parlé avec Damien, et je sais qu'il ira à Fontainbleau par le train. Il m'a dit qu'il arriverait à 14 h. 30. Amusez-vous bien!

Toutes mes amitiés,

Françoise


정다운 필립,

16일과 17일에 초대해주어서 매우 고맙다. 나도 그렇게 하고 싶지만 불행하게 그 일요일에 스케줄이 잡혀있다. 나의 숙모님이 캐나다로부터 도착하시고, 우리 집에서 1주일 머무실 예정이다. 내가 공항으로 모시러 가야 하고 부모님들은 일요일 계획을 이미 짜두셨다.

피크닉에 같이 못 가서 안타깝다. 하지만, 올여름에 다시 한번 기회가 있을 것으로 희망한다. 여름방학 동안 친구들끼리 만날 수 있다면 정말 멋진 일일 것이다.
　　나는 다미엥과 이야기를 했는데, 그 애는 열차 편으로 퐁텐블로에 간다고 하더구나. 다미엥은 오후 2시 30분에 도착할 것이다. 재미있게 놀아라.

나의 모든 우정과 함께

프랑스와즈

---

je suis déjà prise 나는 이미 스케줄이 잡혀있다　ce dimanche-là 그 일요일에　aller la chercher à l'aéroport 공항으로 마중을 가다　faire des projets 계획을 세우다　manquer le pique-nique 소풍을 못하다　à nouveau 다시

## 5 창립기념 행사에 참석할 수 없다는 말

Christian et Lise Poirier

ont le regret de ne pouvoir assister au cocktail que vous organisez le 3 mai pour célébrer les 25 ans de la société Jacquet et vous félicitent pour ces nombreuses années de succès.

35 avenue des Platanes
94100 ST. Maur
01 43 54 63 87

크리스티앙과 리즈 포아리에는 귀하께서 주관하시는 자케 회사 창립 25주년

을 축하하는 5월 3일 칵테일 파티에 참석할 수 없는 것을 유감으로 생각하며 그 오랜 세월의 성공에 찬사를 보냅니다.

94100 생 모르 시(市) 플라탄 로(路) 35번지

---

avoir le regret de ...을 유감으로 여기다 cocktail (m.) 칵테일 파티

# 3 결혼식

## 1 청첩장

Monsieur et Madame Norbert LESOURD

Monsieur et Madame Raoul RIVIERE

Monsieur et Madame Paul AURIA

sont heureux de vous faire part du mariage de leurs enfants et petits-enfants

BORIS et AUDE

qui sera célébré le samedi 13 septembre 2024 à 16 heures
en l'Église Notre-Dame-des-mariniers
à Villeneuve-lès-Avignon

33,rue de la République
74000 Annecy

86,chemin du Pont de Pierre
84000 Avignon

## Ⅱ 주제별로 본 서신

노르베르 르수르 내외
라울 리비에르 내외
폴 오리아 내외

는 그들의 자제이며 손자들인
보리스와 오드가 2024년 9월 13일 토요일 오후 4시부터 빌뇌브-레-아비뇽에 있는 노트르담-데-마리니에 교회에서 결혼식을 갖는다는 것을 알리게 되어 기쁩니다.

74000 안시 시(市) 레퀴블리크 가(街) 33번지
84000 아비뇽 시(市) 슈맹 뒤 퐁 드 피에르 86번지

---

faire part ~을 알리다  célébrer 경축하다, 찬양하다

---

## 2 약혼을 알리는 편지

Ma chère Isabelle,

Je ne peux pas attendre plus lontemps pour t'annoncer la grande nouvelle. Peut-être t'y attends-tu, puisque je t'ai parlé de lui quelquefois. Mais je ne t'ai pas dit que je voyais très souvent ce garçon ces dernières semaines. Pour te dire la vérité, on se voyait tout les jours.

Il s'appelle Michel Jobert, et nous venons de nous fiancer. Je suis très, très heureuse, ma chérie, et j'espère que tu ne m'en voudras pas de ne pas t'en avoir parlé à cœur ouvert auparavant. Il est vrai que nous ne nous connaissons que depuis deux mois et que je n'étais pas sûre de ses sentiments jusqu'a hier soir, quand il s'est déclaré.

Il a vingt-cinq ans, il est grand, beau, élégant et intelligent. Nous avons beaucoup de choses en commun: il aime voyager et jouer au tennis, il adore les enfants et a beaucoup d'amis. Nous lisons les mêmes sortes de livres : biographies, romans historiques, etc. Tu verras! Je crois que, toi aussi, tu l'aimeras bien.

Comme tu t'en doutes, nous n'avons pas encore fixé la date du mariage. Papa et Maman, à qui j'ai annoncé la nouvelle hier soir en rentrant, m'ont dit, comme tous les parents en pareille circonstance, qu'il valait mieux ne pas nous presser. Quelque soit la date, naturellement, tu seras la première à être invitée.

J'espère qu'un jour, tu connaîtras le même bonheur que moi en ce moment. J'aimerais pouvoir te raconter tout ça de vive voix. A quand ta prochaine visite?

Je t'embrasse avec toute mon affection,

Marie Thérèse

정다운 이자벨에게,

커다란 소식을 너에게 알리는 것을 더 이상 기다릴 수 없구나. 내가 너에게

## 주제별로 본 서신

　그의 이야기를 몇 번 했으니까 아마 너도 예상은 하고 있겠지. 하지만 최근 몇주 동안 내가 그를 아주 자주 만났었다는 말은 네게 하지 않았다. 사실을 말하자면 우리는 매일 만났다.

　그의 이름은 미셸 조베르이고 우리는 방금 약혼했다. 나는 아주 행복하고 내가 그전에 마음을 열고 너에게 그것에 대해 말하지 않았다고 나를 원망하지는 않기 바란다.
　우리는 두 달 전부터 알게 되었고 그의 감정에 대해 어제저녁, 그가 고백했을 때까지 확신을 하지 못하고 있었기 때문이다.

　그는 25세이며 크고 잘 생겼고 우아하고 지적이다. 우리는 여러 가지 면을 함께 갖고 있다. 그는 여행을 좋아하고 테니스를 좋아하며 어린이들을 아주 좋아하고 친구가 많다. 우리는 전기나 역사 소설처럼 같은 종류의 책을 읽는다. 너도 보게 될 것이다. 너도 그를 아주 좋아할 것으로 생각한다.

　너도 그렇게 생각할 것 같은데, 우리는 아직 결혼 날짜를 잡지는 못하고 있다. 집에 돌아가며 말씀드린 아버지와 어머니는, 이 같은 상황에 처한 모든 부모님처럼 우리가 서두르지 않는 것이 좋겠다고 내게 말씀하셨다. 날짜가 언제가 되든 간에, 당연히 너는 첫 번째 초대손님이 될 것이다.

　언젠가 너도 지금 내가 맛본 것과 같은 행복을 알게 될 것으로 기대한다. 이 모든 것을 육성으로 말할 수 있으면 좋겠다. 다음 번 너의 방문 날짜는 언제니?

　모든 애정과 함께 포옹하며

　마리 테레즈

fiançailles (f. 복수형으로 사용) 약혼식 ces dernières semaines 최근 몇 주 동안 s'en vouloir 원망하다, 탓하다 auparavant 미리, 사전에 se déclarer 사랑을 고백하다 biographie (f.) 전기(傳記) s'en douter 예상하다 en pareille circonstance 그와 같은 상황에서

## 2 약혼한 친구에게 하는 축하의 말

Mon cher vieux,

Tu es vraiment cachottier, mais je ne t'en veux pas ! J'en aurais sans doute fait autant si j'étais toi ! En tous cas, la nouvelle de tes fiançailles avec Dominique Lefebvre m'a renversé, car je ne te croyais pas si amoureux d'elle. Mais je te fais tous mes compliments pour ton choix.

Je la connais peu, mais les quelque fois que je l'ai rencontrée. Dominique m'a parue très jolie, d'une intelligence fine et d'une allure distinguée. J'espère que vous serez très heureux tous les deux. A quand la date du mariage? Je serais, bien entendu, ravi d'y assister. As-tu choisi tes témoins?

J'espère qu'on se verra bientôt, et tu me raconteras tes projets d'avenir.

Toute mon amitié.

Alain

나의 오랜 친구에게,

너는 정말로 감추기 좋아하는 친구로구나, 하지만 나는 너를 원망하지 않는다. 내가 만일 너였으면 아마도 상당히 그랬을 것 같다. 아무튼, 네가 도미니크 르페브르와 약혼했다는 소식은 나를 놀라서 뒤로 넘어지게 했는데, 네가 그렇게 그녀를 사랑하고 있었는지 몰랐기 때문이다.

나는 그녀를 잘 모르지만, 내가 그녀를 몇 번 만나보았을 때 그녀는 매우 예쁘고 세련된 지성을 갖고 있으며 품위 있는 태도를 갖고 있는 것으로 내게 보였다. 둘 다 매우 행복하기를 바란다. 결혼식은 언제지? 물론 나는 참석하고 아주 기쁠 것이다. 너의 증인들은 선정했니?

곧 우리가 곧 만나고, 너는 내게 미래 계획을 말해주기 바란다.

나의 모든 우정과 함께

알랭

---

cachotier, ière 숨기거나 감추기 좋아하는 사람  je ne t'en veux pas 나는 너를 원망하지 않는다  m'a renversé, 나를 놀라게 했다, 당황하게 했다  d'une intelligence fine 세련된 지성의  d'une allure distinguée 품위 있는 태도의  témoin (m.) 결혼식의 증인들

## 3 결혼식 초대

Gérard et Jacqueline Achard
12,rue Champollion
10009 Troyes


Troyes, le 5 avril 2024


Cher ami,

J'ai le plaisir de vous annoncer que nous marions notre fille Hélène le 12 juin à Paris.
Vous recevrez bientôt un faire-part et une invitation pour le lunch qui suivra, mais je tenais à vous avertir dès maintenant pour que vous puissiez retenir votre journée du samedi. Le mariage aura lieu à la mairie du 6e à 14 heures et la messe sera célébrée en l'église Saint-Germain-des-Prés à 15h 30.

Amicalement

Jacqueline


친구에게

우리가 딸 엘렌을 파리에서 6월 12일에 결혼시키는 것을 알리게 되어 기쁩니다. 곧 청첩과 함께 결혼식 피로연 초대장을 받으시겠지만 토요일 한나절을 비워두시게 하려고 지금 알려드립니다. 결혼식은 제6구 구청에서 오후 2시에 열리며 미사는 생 제르맹 데 프레 성당에서 오후 3시 30분에 열립니다.

다정하게

자클린

---

avoir le plaisir ...를 기쁘게 여기다 nous marions notre fille 우리는 딸을 시집 보낸다 un faire-part 청첩장 une invitation pour le lunch 피로연 초대장 je tenais(tenir) à 간절히 ...하고 싶었다 avertir 알려주다 pour que vous puissiez retenir votre journée 일정을 미리 확보해둘 수 있도록 avoir lieu 거행되다

---

## 4  결혼 소식 및 청첩장

Faire-Part

Madame Paul Verdier,

le Lieutenant-Colonel Claude Verdier, Chevalier

de la Légion d'Honneur, et Madame Claude Verdier

ont l'honneur de vous faire part du mariage

de Mademoiselle Brigitte Verdier, Diplômée

d'Etudes Supérieures de Science Economiques,

leur petite-fille et fille, avec Monsieur Jacques Vidal,

Licencié en Droit, Diplômé de l'Ecole de Science Politiques

et vous prient d'assister ou de vous unir d'intention

à la messe au cours de laquelle ils se donneront

le Sacrement de Mariage, le samedi 20 septembre 2024

à 15 heures, en l'Eglise Saint-Etienne-du-Mont,

 place Sainte-Geneviève, Paris Ve


7 Cité Vaneau


Pais VIIe


알림


폴 베르디에 부인,
레종 도뇌르 훈장 수훈자인 클로드 베르디에 중령 내외는
그들의 손녀이며 딸인 경제학 고등학위 취득자인

 브리지트 베르디에 양과 법학사이며 국립정치학교 졸업자인
 자크 비달 군의 결혼을 알리게 된 것을 영광으로 생각하며
 2024년 9월 20일 오후 3시 파리 제5구 생트 쥬느비에브 광장에 잇는 생테티엔-뒤-몽 성당에서 있게 될 결혼 축하 미사에 참석하셔서 뜻을 모아주시기를 부탁드립니다.

파리 제7구

시테 바노 7번지

## II 주제별로 본 서신

lieutenant-colonel 중령  Chevalier de la Légion d'Honneur 레종도뇌르 훈장 수훈자  avoir l'honneur de ...을 영광으로 여기다  Diplômée d'Etudes Supérieures de Science Economiques 경제학 고등학위 취득자  faire part ...을 알리다  licencié 학사  unir d'intention 뜻을 모으다  messe (.f.) 미사  au cours de laquelle 미사 동안에

---

Monsieur Auguste Maréchal,

Monsieur Henri Vidal, ancien élève de l'Ecole

Polytechnique, et Madame Henri Vidal

ont l'honneur de vous faire part du mariage

de Monsieur Jaques Vidal, Licencié en Droit,

Diplômé de l'Ecole de Sciences Politiques,

leur petit-fils et fils,

avec Mademoiselle Brigitte Verdier,

Diplômée d'Etudes Supérieures de Science Economique,

et vous prient d'assister ou de vous unir d'intention

à la messe au cours de laquelle ils se donneront

le Sacrement de Mariage, le samedi 20 septembre 2024

à 15 heures, en l'Eglise Saint-Etienne-du-Mont,

place Sainte-Geneviève, Paris Ve

14 avenue Rapp

Paris XVIe

오귀스트 마레샬 씨와

에콜 폴리테크닉 출신의 앙리 비달 씨와 부인은

그들의 손자이며 아들인

법학사이며 국립정치학교 졸업생인 자크 비달 군과

경제학 고등학위 소지자인 브리지트 베르디에 양의

결혼을 알리게 된 것을 영광으로 생각하며

2024년 9월 20일 토요일 오후 3시 파리 제5구

생트 주느비에브 광장에 있는 생테티엔-뒤-몽 성당에서 열리는

결혼축하 미사에 참석하셔서 뜻을 모아주시기를 부탁드립니다.

파리 제16구

랍 로(路) 14 번지

---

avoir l'honneur de ...를 영광으로 여기다  ancien élève 졸업생  l'Ecole Polytechnique 폴리테크닉 (이공계 그랑제콜)  Diplômé de l'Ecole de Sciences Politiques 국립정치학교 졸업생  au cours de ...동안에  sacrement n.m. 가톨릭의 성사(聖事)  Licencié en Droit 법학사

## 4 초대장

Invitation

Madame Claude Verdier

et

Madame Henri Vidal

recevront après la cérémonie religieuse

à la Rotonde Gabriel

## II 주제별로 본 서신

Ecole Militaire - 1, Place Joffre, Paris VIIe

7 Cité Vaneau
Paris VIIe
14 avenue Rapp
Paris XVIe

클로드 베르디에 부인과
앙리 비달 부인은
종교 행사가 끝난 직후
파리 제7구 조프르 광장 1번지에 있는 참모 대학
로통드 가브리엘에서 손님을 맞이합니다.

파리 제7구 시테 바노 7번지

파리 제16구 랍 로(路) 14번지

---

invitation(f.) 초대장  recevront 손님들을 맞이할 것이다  après la cérémonie religieuse 종교 행사가 끝나고 나서  Ecole Militaire 참모 대학

## 4 초대를 수락하는 서신 (1)

Chers Madame et Monsieur,

Mon mari et moi acceptons avec le plus grand plaisir votre invitation au mariage de votre fille Brigitte et à la réception qui suivra. Je saisis du reste cette occasion pour vous adresser à tous deux nos plus vives félicitations pour cette heureuse union. Nous souhaitons le plus grand bonheur aux futurs époux.

Nous nous réjouissons également de vous revoir à cette occasion et vous prions de croire, chers Madame et Monsieur, à nos sentimentsles plus amicaux.

Denise Gagnon

친애하는 내외분께,

남편과 저는 당신 따님 브리지트의 결혼식과 계속되는 리셉션 초대를 가장 커다란 기쁨과 함께 수락합니다. 이번 기회에 두 분 모두에게 행복한 결합에 대한 힘찬 축하의 말을 전하겠습니다. 우리는 미래의 부부에게도 가장 큰 행복을 기원합니다.

이번 기회에 당신들을 다시 만나는 즐거움도 갖게 되며, 내외분께 우리들의 우정어린 감정을 보내드리는 바입니다.

드니즈 가농

avec le plus grand plaisir 매우 기쁜 마음으로 réception ( f.) 리셉션 saisir l'occasion 기회를 이용하다 adresser ...에게 말을 전하다 se réjouir 누리다, 즐기다 plus vives félicitations 우리들의 진실된 인사 futurs époux 미래의 부부 .

## 4 초대를 수락하는 서신 (2)

Mon cher Jean,

Ton invitation vient de m'arriver et je suis ravi de pouvoir te dire que je me rendrai à la réception à l'occasion de ton mariage. Je me réjouis de vous revoir, toi et Jacqueline, à cette occasion, et de te redire toute mon amitié et mon admiration.

Meilleurs vœux de bonheur de

Ton ami,

Jacques

정다운 친구 장에게,

너의 초대장이 방금 나에게 도착했고 너의 결혼식에 열리는 피로연에 참석하겠다는 말을 네게 할 수 있어서 매우 기쁘다. 이 기회에 너와 자클린을 다시 보고, 나의 모든 우정과 찬사를 전하는 기쁨을 맛볼 것이다.

너의 친구로부터 최고의 행복을 기원하는 말을 전하며

너의 친구

자크

---

vient de m'arriver 방금 내게 도착했다 ravi 몹시 기쁜 se rendre ...에 가다  réception (f.) 리셉션, 피로연 à l'occasion de ..기회에 se réjouir 기뻐하다, 즐기다 admiration (f.) 경탄, 찬사

---

## 4 참석할 수 없다는 편지

Ma chère Brigitte,

Je te remercie de ta gentille invitation à la réception à l'occation de ton mariage. Je me faisais une fête d'y assister, comme je te l'avais dit il y a quelque temps. Malheureusement, la date de la cérémonie coïncide avec celle du vingt-cinquième anniversaire de mariage de mes parents. Je serai donc en Bretagne à ce moment-là et ne pourrai me joindre à toi que par la pensée.

Je voudrais que tu saches, pourtant, combien je regrette ce malencontreux empêchement, mais mes parents comptent sur moi. Je les aime bien et ne voudrais pas les désappointer. Alors, je souhaite que le plus beau jour de ta vie se passe comme un rêve, avec le beau temps, et que tous tes invités ne se décommandent pas comme moi.

Toutes mes amitiés,

Bernadette

다정한 나의 브리지트

 너의 결혼식에 따른 피로연에 초대해 주어서 고맙다. 일전에 너에게 말했듯이 나는 거기 참석하는 것을 기쁘게 생각하고 있었다. 그런데 불행하게도, 결혼식 날이 나의 부모님 결혼 25주년 기념일과 겹치게 되었다. 그래서 나는 브르타뉴 지방에 가게 되었고, 너와 자리를 같이하는 것은 생각 속에서만 가능하게 되었다.

 내가 이처럼 불운한 사태를 얼마나 유감으로 생각하고 있는지 너도 알았으면 좋겠지만, 나의 부모님은 나를 믿고 계신다. 나도 부모님을 사랑하고 있으며 그 분들을 실망 시키고 싶지 않다. 그래서, 나는 네 인생에서 가장 아름다운 날이 좋은 날씨와 함께 꿈처럼 펼쳐지고, 너의 모든 초대 손님들은 나처럼 참석하지 못 하는 일이 없기를 바란다.

나의 모든 우정과 함께

베르나데트

---

faire une fête 기뻐하다 assister à ...에 참석하다 coïncider 일치하다, 동시에 발생하다 se joindre ..합류하다, 참가하다 malencontreux, se 불운한, 공교로운 désapointer 실망시키다 se décommander 약속을 취소하다

# 4 아기 탄생

## 1 아기 탄생 소식 (1)

Pierre et Marguerite partagent avec Adrien et Alice
la joie de vous annoncer la naissance de

Nathalie

Le 10 juillet 2024

Monsieur et Madame Bon
24, rue Basfroi
75011 PARIS

피에르와 마르게리트는 아드리엥, 알리스와 함께 나탈리의 탄생을 알리게 된 기쁨을 나눕니다.

2024년 7월 10일

봉 내외
파리 제11구 바프롸 가(街) 24번지

---

partager la joie 기쁨을 함께 하다

## 2 아기 탄생 소식 (2)

---

Faire-part de naissance

Monsieur et Madame Jacques Bouchard
ont la joie de vous annoncer
la naissance de leur fille
MAGALI

Le 20 novembre 2024
289 rue Grande
77300 Fontainebleau

---

자크 부샤르 부부는 그들의 딸 마갈리의
탄생을 알리게 되어 기뻐합니다.

2024년 11월 20일

77300 퐁텐블로, 그랑드 가(街) 289번지

---

faire part de naissance 아기 탄생을 알림   avoir la joie de ...를 기뻐하다   annoncer la naissance 출생을 알리다

## 3  아기 탄생 축하 (1)

Mon cher Jacques,

Je n'arrive pas à t'imaginer père de famille, mais j'espère que, pour que j'y croie, tu m'enverras bientôt une photo de la petite Magali dans tes bras. De qui tient-elle? De sa jolie maman ou de son papa? Est-elle brune ou blonde?

Je vous envoie mes chaleureuses félicitations et mes meilleurs vœux de bonheur à tous trois. J'espère que ta charmante femme est bien remise et que vous être tous trois réunis à la maison.

Merci de m'avoir envoyé le faire-part de naissance de Magali. A quelle date avez-vous prévu son baptême? Puisque je dois être son parrain, j'ai déjà l'impression de faire partite de la petie famille, et tu m'en vois comblé.

Bien à toi,

Charles Henri


정다운 자크에게

네가 한 가족의 아버지라니 상상이 되지 않지만, 내가 그것을 믿도록 네 팔에 안겨있는 아기 마갈리의 사진을 보내주기 바란다. 마갈리는 누구를 닮았니? 엄마를 닮았니 아빠를 닮았니? 머리카락은 갈색이야, 금발이야?

나의 뜨거운 축하와 너희 세 식구가 행복하기를 바라는 나의 소망을 보낸다. 너의 매력적인 아내가 건강을 회복하고 세 식구가 집에 모였을 것으로 생각한다.

마갈리의 탄생 소식을 보내주어 고맙다. 아기의 세례식은 언제로 예정되었니? 내가 그의 대부(代父)를 맡을 것이기 때문에 벌써 나도 작은 너희 가족의 일원인 것 같은 느낌이고, 내가 얼마나 만족해하는지 너는 알게 될 것이다.

샤를르 앙리

---

Je n'arrive pas à t'imaginer 나는 너를 상상하지 못하겠다 pour que j'y croie 내가 그것을 믿도록 (접속법) mes chaleureuses félicitations 나의 뜨거운 축하 bien remise 건강을 되찾다 réunis à la maison. 집에 모이다 le baptême 세례 parrain (m.) 대부 (代父) combler 만족시키다. 충만하게 하다 j'ai l'impression de ...하는 느낌을 받다 faire partite de ...에 참여하다

## 4 아기 탄생 축하 (2)

Une petite étoile est arrivée avec joues pleines, sourires craquants et des kilos d'amour à donner et à prendre ! Fini la monotonie, maintenant, votre salon ressemble à un champ de courses mais qu'importe car chaque instant votre bout'chou apporte joie, surprise et soleil dans votre nouvelle famille.

양볼 가득 빛나는 미소와 사랑을 주고 또한 차지할 작은 별!
단조로움은 끝나고, 당신의 거실은 경마장처럼 되었지만 무슨 상관!
매 순간 당신의 어린이는 기쁨, 놀라움 그리고 햇빛을 당신의 가정에[ 줍니다
(중략)

---

joue (f.) 뺨, 볼  craquant 멋있는, 놀라운 monotonie (f.) 단조로움, 변화 없음 champ de courses (m.) 경마장  importe 무슨 상관 bout'chou = bout de chou 어린이

# 5 사망과 조의

## 1 부고(訃告)

**Faire-part de décès**

Monsieur et Madame Marcel Perrault, et leurs enfants;
Monsieur et Madame André Chaban, leurs enfants et petits-enfants;
Le Révérend Père Charles Dupuis, S. J.
ont la douleur de vous faire part du décès de
Madame Jean Perrault
Née Alice Boisvin

leur mère, grand-mère et arrière-grand-mère,
rappelée à Dieu le 5 mars 2024 à Varennes, à l'âge de 71 ans.
La Cérémonie Religieuse et l'Inhumation ont eu lieu
le 5 mars 2024 dans l'intimité.


20, rue Saint-Jacque Paris Ve
12, place Bellecour Lyon IIe

## II 주제별로 본 서신

마르셀 페로 내외와 그들의 자식들인
앙드레 샤방 내외와 그들의 자식, 손자들
예수회 소속 샤를르 뒤피 신부는

처녀 시절 이름이 알리스 보아뱅이었던
그들의 어머니, 조모, 증조모셨던
장 페로 부인께서

2024년 3월 5일 하느님의 부르심으로
돌아가셨다는 소식을 알려드리게 된
슬픔을 갖게 되었습니다.


파리 제5구 생 자크 가(街) 20번지

리옹 제2구 벨쿠르 광장 12번지

---

faire part de …을 알리다 décès m. 사망, 죽음 Le Révérend Père 가톨릭 신부 S.J Société de Jésus 예수회 arrière-grand-mère (f.) 증조모 rappeler à Dieu 소천하다, 돌아가시다 révérend, e 종교 사제 La Cérémonie Religieuse 종교 의식 inhumation (f.) 매장 dans l'intimité 가까운 사람들끼리

## 2 위로의 편지

Ma chère Pauline

C'est avec une pénible surprise que nous avons appris le coup dont vous venez d'être frappés. Nous avons encore rencontré votre mère il y a deux mois, et elle nous avait paru en bonne santé. Nous la connaissions assez pour apprécier son esprit et sa grande bonté envers tous, spécialement sa famille.

Croyez que nous prenons part très sincèrement à votre grand chagrin, et recevez, ma chère Pauline, l'expression de nos sentiments attristés et de notre fidèle sympathie.

Colette

폴린에게

비통한 놀라움과 함께 당신이 받은 충격에 대해 알게 되었습니다. 두 달 전에도 당신의 어머니를 만난 적이 있었는데, 그때는 우리에게 건강해 보이셨습니다. 당신 어머니의 마음과 모든 사람에 대한 선의, 그리고 특히 가족에 대한 마음을 우리는 대단하게 생각하고 있었습니다.

우리는 진심으로 당신과 함께 슬픔을 나누고 있으며, 우리의 슬픈 감정과 신실한 동정심을 보내드리는 바입니다.

콜레트

pénible 힘드는, 슬픈 le coup dont vous venez d'être frappés. 당신들이 방금 받은 충격, 타격 paru ...하게 보인 paraître 동사의 과거분사 apprécier 높이 평가하다 esprit (m.) 정신, 마음 bonté (f.) 선의(善意) envers tous 모든 사람에 대한 attristé ...을 슬퍼하는 notre fidèle sympathie 우리들의 신실한 동정

## 3 조의를 표하는 서신

Jean et Eliane Pinchon
117, boulevard Lamartine
71000 Mâcon


Monsieur,


Nous vous adressons nos condoléances les plus sincères à l'occasion de la disparition tragique de votre épouse.

Sachez qu'elle restera dans notre souvenir une personne exceptionnelle, et que nous partageons votre peine.

Recevez, Monsieur, l'expression de notre douloureuse sympathie.

E, Pinchon


선생님,

선생님 부인의 비극적인 별세에 대해 우리들의 심심한 위로를 드리는 바입니다. 부인은 우리들의 기억 속에 특별한 사람으로 남아있을 것이고 우리는 선생님과 같이 고통을 나눕니다.

우리들의 고통스런 동정의 말을 전합니다.

E. 팽숑

---

condoléances (f. pl.) 조의, 애도의 말 à l'occasion de ...의 때에, ...를 계기로 disparition (f.) 별세, 사라짐 tragique 비극적인 Sachez savoir 동사의 명령형 dans notre souvenir 우리들의 기억 속에 exceptionnel, le 특별한, 예외적인

## 4 애도의 서신에 대한 답장

Madame,

Nous avons été très touchés de la sympathie que vous nous avez témoignée lors du décès de notre mère et nous vous en remercions sincèrement. Elle nous parlait souvent de vous et avait beaucoup d'estime pour vous.

Ces moments sont difficiles à traverser et les signes d'amitié sont toujours les bienvenus. Aussi nous vous prions de croire, Madame, en nos sentiments reconnaissants.

Raoul et Suzanne Dupin

부인,

우리 어머니의 상(喪)에서 보여주신 동정의 마음에 우리는 감동을 받았고 이에 대해 깊이 감사드립니다.
어머니는 자주 두 분 말씀을 하셨고 높이 평가하셨습니다.

지금은 지내기 힘든 때이고 우정의 표현들은 늘 반갑습니다. 우리들의 고마운 마음을 전합니다.

라울과 쉬잔 뒤팽

---

touché 감동을 받은, 감격한 sympathie (f.) 동정, 호의 témoigner 표시하다, 나타내다 lors du décès de notre mère 우리 어머니의 상(喪)에서  estime f. 평가, 존경 difficile à traverser 지내기에 힘든 signes d'amitié 우정의 표시 reconnaissant 고마운, 감사해하는

# 6 연말연시 인사

## 1 연하장

Éliane Debard
25, rue des Alouettes
38180 Seyssin

Je vous présente mes meilleurs voeux de bonheur et de réussite pour la nouvelle année. Que 2024 vous apporte tout ce que vous souhaitez, à vous, à votre famille et à tous ceux qui vous sont chers.

Éliane Debard

Fanny Cogne
7, avenue Calade
10099 Troyes

새해의 행운과 성공을 기원합니다. 2024년 새해는 당신과 당신의 가족 그리고 당신과 친한 모든 이들에게 소망하는 것을 가져다주기 바랍니다.

엘리안 드바르

> **II  주제별로 본 서신**

---

mes meilleurs voeux 나의 가장 소중한 소망 bonheur (m.) 행복 réussite (f.) 성공 ce que vous souhaitez 당신이 바라는 바 tous ceux qui vous sont chers 당신이 친애하는 모든 사람

## 2 연하장에 대한 답장

> Je vous remercie de vos voeux. À notre tour, ma famille et moi vous adressons les nôtres les plus sincères.
>
> Fanny Cogne

새해 인사에 대해 감사드립니다. 제 가족과 저, 우리는 우리들의 가장 소중한 인사를 드립니다.

파니 코뉴

---

voeux de bonne année 근하신년 à notre tour 이번에는 우리가 adresser 전하다 les plus sincères 가장 소중한

## 3 새해 인사

Mon cher grand-père,

Voilà déjà six mois que je ne t'ai pas vu, et j'aimerais bien te rendre visite au début de cette nouvelle année. Malheureusement, je suis très prise par mes études et ne peux pas me déplacer en ce moment.

Donc, je t'écris pour te souhaiter une bonne et heureuse année et une bonne santé. J'espère que cette année t'apportera beaucoup de bonheur, avec tes petits-enfants autour de toi aussi souvent que possible, pour que tu ne te sentes pas trop seul. Est-ce que tu joues toujours aux boules? C'est un bon exercice pour toi, je crois.

Porte-toi bien, et donne-nous de tes nouvelles. Comme tu le sais sans doute, nous allons tous venir te voir à Pâques.

Bien affectueusement,

Michèle

정다운 할아버지께

할아버지를 못 뵌 지 벌써 6개월이 되었고, 새해가 되면 꼭 찾아뵙고 싶습니다. 그런데 불행히도 저는 공부에 사로잡혀 있고, 당분간은 움직일 수가 없어요.

## 11 주제별로 본 서신

그래서, 복되고 즐거운 한 해 되고 건강하시기를 바라는 편지를 쓰게 되었습니다. 금년 한 해는 할아버지께 많은 행운을 가져다주고 할아버지 주위에 손자들도 가능한 한 자주 모여서 너무 외롭게 느끼시지는 않으리라고 기대합니다. 할아버지는 여전히 공놀이 (쇠공으로 하는 페탕크) 하시나요? 할아버지께 좋은 일이라고 생각합니다.

그럼 건강하시고 제게도 소식 주세요. 할아버지도 아마 아시는 것과 같이 우리 모두 부활절 휴가 때 찾아뵐 것입니다.

커다란 애정을 가지고

미셸

---

Voilà déjà six mois 6개월이 지나다 se rendre visite 방문하다 je suis très prise par ..에 사로잡혀 있다 se déplacer 이동하다 en ce moment. 지금 aussi souvent que possible 가능한 한 자주 jouer aux boules 페탕크(pétanque)라는 이름의 쇠공놀이를 하다 Porte-toi bien 건강하게 지내세요 Bien affectueusement, 아주 다정하게

## 4 새해 인사에 대한 답장

Ma chère Michèle,

J'ai été très heureux de recevoir tes bons voeux de Nouvel An, et je t'en remercie vivement. J'ai toujours plaisir à savoir que tu t'inquiètes de ma santé, qui est, du reste, très bonne en ce moment.

Comme d'habitude, je fais du footing tous les jours dans le parc, et je joue souvent aux boules. Je vais aussi quelquefois à la pêche le dimanche avec un vieux monsieur que j'ai rencontré récemment. Il a un petit bateau et nous allons pêcher dans les endroits tranquilles du port.

　Ma nouvelle femme de ménage *est aux petits soins pour moi*. Elle me cuisine de bons petits plats et me rappelle de prendre mes médicaments.
　Je lis aussi des livres sur la politique. J'aimerais en discuter avec ma petite-fille, qui est si savante en sciences politiques. Peut-être à Pâques, puisque tu vas venir voir ton vieux grand-père qui t'aime bien.

　Grand-papa

다정한 미셸에게

　너의 새해 인사를 받고 매우 행복했고, 거기 대해 너에게 깊이 고마움을 표한다. 그리고 나의 건강을 염려해주어 고마운데, 지금은 건강이 상당히 좋은 상태이다.
　늘 그렇듯이 나는 매일 공원에서 조깅을 하며 공놀이도 자주 한다. 그리고 이따금 일요일에 최근에 만난 노인분과 낚시를 하러 가기도 한다. 그는 작은 배를 소유하고 있고, 우리는 항구의 조용한 곳으로 낚시를 하러 간다.
　새로 온 파출부가 나를 돌봐주고 있다. 그녀는 내게 요리를 해주고, 약 먹는 것을 잊지 않게 해준다. 나는 정치에 관한 책도 읽고 있다. 나는 사회과학에 해박한 내 손녀와 정치에 관해 토론하고 싶구나. 너를 사랑하는 할아버지를 보러오는 부활절에 온다니 그때 만날 수 있겠구나.

　할아버지가

recevoir tes bons voeux de Nouvel An 너의 연하장을 받다  à savoir que ...을 알고는 tu
t'inquiètes de ma santé 네가 내 건강을 염려하다  du reste 게다가  comme d'habitude 늘 그
렇듯이  footing (m.) 가벼운 산책  aller à la pêche 낚시하러 가다  femme de ménage 파출부,
가정부  aux petits soins 돌보다  sciences politiques. (f. pl .) 정치학

## 5 쾌유를 기원하는 말

Mon vieux Pierre,

Ma mère vient de me dire que tu as eu un accident de voiture il y a quelques jours et que tu as le bras cassé. J'ai été vraiment bouleversée de te savoir à l'hôpital de Toulouse, et je voulais te dire combien je suis désolée pour toi. J'espère que tu ne souffres plus, maintenant que ton bras est dans le plâtre.

Je voudrais bien aller te voir à l'hôpital, mais Maman dit que c'est trop loin et que tu va rentrer dans environ une semaine de toutes façons. C'est pour ça que je t'écris pour te distraire un peu.

J'espère que la nourriture n'est pas trop mauvaise à l'hôpital, et que tu ne t'ennuies pas trop.

Bien à toi,

Suzie

나의 오랜 친구 피에르에게,

어머니는 내게 며칠 전에 네가 교통사고를 당해서 팔을 부러뜨렸다고 방금 말씀하셨다.
나는 네가 툴루즈에 있는 병원에 있다는 소식을 듣고 정말 놀랐고, 내가 얼마나 걱정하는지 네게 전하고 싶었다. 너의 팔은 지금 석고 깁스를 하고 있으니 더 이상 아프지는 않기 바란다.
병원으로 너를 보러 가고 싶지만 어머니는 너무 멀고 1주일만 지나면 어쨌든 네가 돌아올 것이라고 하신다. 네가 조금 기분전환을 하라고 이 글을 쓴다.
병원에서 나오는 음식이 지나치게 나쁘지 않기를 바라며 너무 지루해하지 말아라.

안녕 잘 지내

쉬지

---

Ma mère vient de me dire que 어머니는 내게 방금 말씀하셨다(근접과거) un accident de voiture 자동차 사고 bouleversé 강한 충격을 받은, 당황한 combien je suis désolée 얼마나 유감인지 ! maintenant que 지금 ...니까 dans le plâtre 깁스 상태인 de toutes façons 어쨌든 C'est pour ça que 그래서 distraire 기분 전환을 시키다 la nourriture 음식물

# III

# 개인과 단체 생활

프랑스어 e메일

# 1 독자 상담코너(Le Courrier du Coeur)의 편지

## 1 상담 편지 (1)

Chère Mélanie,

J'ai dix-neuf ans et je sors avec un jeune homme bien plus âgé que moi. Il est très gentil et affectueux, et nous nous entendons bien. Mais il voudrait que je me maquille et que je m'habille comme une jeune fille de son âge. Personnellement, je n'aime pas le maquillage. Je me mets du rouge à lèvres et je m'épile les sourcils, mais c'est tout. Je ne veux pas ressembler à une minette!

Dites-moi, s'il vous plaît, ce que je peux faire pour convaincre mon ami que j'ai raison.

Je vous remercie à l'avance de vos conseils.

Prudence

친애하는 멜라니에게

저는 19살이고 저보다 훨씬 나이가 많은 남자와 사귀고 있어요. 그는 매우 친절하고 다정하며 우리는 아주 잘 지내고 있어요. 하지만 그는 내가 자기 또래의 여자들처럼 화장하고 옷 입기 바라고 있습니다. 저로서는 루즈를 바르고 눈썹을 가다듬는 것이 전부입니다. 저는 유행을 따르는 여자와 비슷해지고 싶지 않아요.

내가 옳다는 것을 남자 친구에게 어떻게 설득해야 할지 알려주세요.

당신의 충고에 미리 감사드립니다.

프뤼당스(신중함)

---

je sors avec 나는 ~와 데이트 한다 affectueux 정다운, 다정한 nous nous entendons bien 우리는 대화가 잘 통한다 se maquiller 화장하다 le maquillage 화장, 메이크업. Je me mets du rouge à lèvres 루즈를 바른다 et je m'épile les sourcils 눈썹을 뽑다 une minette ! 최신 유행을 따라 멋 부리는 사람 convaincre 설득하다 à l'avance 미리

## 2 잡지사의 답변

Chère Prudence,

Tu as bien raison d'être prudente. Si ce jeune homme ne t'accepte pas telle que tu es, c'est peut-être que ses sentiments ne sont pas très profonds. Explique-lui que tu es encore bien jeune, que tu veux garder la fraîcheur de ton teint, et que tu te sens bien comme cela.

Il n'y a pas de raison que tu gâches les meilleures années de ta vie, simplement

### III 개인과 단체 생활

<pour faire plaisir à un jeune homme> qui semble, de toutes façons, préférer la compagnie de jeunes filles un peu plus sophistiquées que toi.

<Profite d'abord de ta jeunesse>. Tu as tout le temps de trouver quelqu'un qui saura t'apprécier pour toi-même et pour ta beauté naturelle.

Bonne chance!

Mélanie

---

정다운 프뤼당스,

신중하기로 한 것은 옳은 일이에요. 만일 그 젊은 남자가 당신의 상태를 받아들이지 못한다면, 그것은 아마도 그의 감정이 깊지 않다는 것입니다. 당신은 아직 어리고, 용모의 신선함을 유지하고 싶으며, 지금 이대로가 좋다고 그에게 설명하세요. 어쨌든, 당신 생애에서 가장 멋진 시간을 단지 당신보다 조금 세련된 것 같은 여자들과 같이 있고 싶어하는 것 같은 젊은 남자의 마음에 들려고 망칠 이유는 없어요.

우선 당신의 젊음을 누리세요. 당신은 당신 자신과 당신의 자연 그대로의 아름다움을 높이 평가할 누군가를 찾을 시간이 있어요.

행운이 있기를 !

멜라니

prudent(e) 신중한, 용의주도한 telle que tu es 너의 지금 상태를 la fraîcheur 신선함 teint (m.) 안색, 용모 tu te sens bien 너는 컨디션이 좋다 gâcher 망치다 les meilleures années de ta vie 너의 인생에서 가장 소중한 몇 년 faire plaisir à ..를 기쁘게 하다 de toutes façons 어쨌든 la compagnie 함께 있음 sophistiqué 멋을 부린, 세련된

## 3 상담 편지 (2)

Chère Mélanie,

Mon amie Hélène est constamment en retard, et je ne sais pas comment la guérir de cette mauvaise habitude. Dimanche dernier, par example, elle est encore arrivée avec trois quarts d'heure de retard, et tous les copains et moi, nous avons dû l'attendre dans la rue, avant de partir pour une balade en vélo. Nous étions tous énervés, et les filles étaient furieuses.

Quand Hélène est arrivée, elles le lui ont bien fait sentir, mais les garçons lui ont fait fête. Elle était très enjouée et très jolie, aussi elle n'a pas fait attention aux remarques de ses copines et elle ne s'est même pas excusée. Par contre, elle s'est mise à flirter avec Gérard qui lui faisait des avances!

Plus tard, elle est revenue vers moi, mais j'étais dégoûté de son attitude, et ma journée en a été gâchée.

Conseillez-moi, je vous en prie, car sa conduite m'embarrasse souvent et me fait de la peine.

## III 개인과 단체 생활

> Recevez, chère Mélanie, l'assurance de mes sentiments reconnaissants.
>
> Ecoeuré

친애하는 멜라니에게,

제 친구 엘렌은 늘 약속에 늦고, 나는 어떻게 해야 그녀의 나쁜 습관을 고칠 수 있을지 모르겠습니다. 지난 일요일을 예로 들면, 그녀는 45분이나 늦게 와서 제 친구들과 저는 자전거 하이킹을 떠나기 전에 길에서 그녀를 기다려야만 했습니다. 우리는 모두 신경질이 났었고 여자들은 분노했습니다.

엘렌이 도착했을 때 여자 친구들은 그것을 느끼게 해주었지만, 남자 친구들은 따뜻하게 맞아주었습니다. 그녀는 아주 쾌활했고 귀여웠지만 여자 친구들의 지적에 전혀 신경 쓰지 않았고 미안해하지도 않았습니다. 그와는 반대로, 자신에게 말을 거는 제라르와 낄낄거리기까지 했습니다.

나중에 그녀는 제게로 왔지만 저는 그녀의 태도에 마음이 상해있었고 나의 일정은 망가졌습니다.

그녀의 행동은 자주 나를 당황하게 하고 나를 괴롭히니 저에게 조언을 좀 해주시기 바랍니다.

친애하는 멜라니에게 저의 고마워하는 마음을 전합니다.

상심한 남자

guérir 치료하다 habitude (f.) 습관 copain, copine (남,여) 친구 balade en vélo 자전거 하이킹 furieux,se 분노한 faire sentir 느끼게 해주다 faire fête 따뜻하게 맞이하다 enjoué 쾌활한 flirter 남녀가 서로 희롱하다 faire des avances 말을 걸다, 프로포즈하다 dégoûté 혐오감을 느끼는, 불쾌한 gâcher 망치다

## 4 잡지사의 답변

Cher Ecoeuré,

Il est évident que tu as des problèmes, même s'ils ne sont pas tous de la faute d'Hélène. Cette jeune fille semble compter sur son charme pour se faire pardonner ses défauts, et les garçons qu'elle rencontre semblent encourager sa conduite. Toi-même tu n'es pas insensible à ses grâces, et naturellement, tu en souffres.

Lui as-tu fait des remontrances sur sa conduite? Se rend-elle compte qu'elle te fait de la peine? Son attitude légère m'en fait douter. Pourquoi ne pas lui dire les choses comme tu les ressens? Si elle a la moindre affection pour toi, elle essaiera de changer. Sinon, tu auras deux choix: ou bien tu devras la quitter et chercher une autre jeune fille plus sensible qu'elle aux sentiments des autres; ou bien, si tu l'aimes à ce point, tu devras l'accepter telle qu'elle est, tout en essayant gentiment d'éveiller sa sensibilité.

De toutes façons, je te souhaite beaucoup de bonheur avec celle que tu choisiras.

Mélanie

## III 개인과 단체 생활

상심한 남자에게,

모든 것이 엘렌의 잘못만은 아니지만, 당신에게도 많은 문제가 있는 것이 분명합니다. 이 아가씨는 잘못을 용서받을 수 있는 자신의 매력에 자신이 있고, 그녀를 만나는 남자들은 그런 태도를 부추기는 것 같습니다. 당신 자신도 그녀의 우아한 자태에 무감각하지는 않아서 자연히 그것으로부터 고통받고 있군요.

그녀의 행동에 대해 질책해본 일이 있나요? 그녀는 자신의 행동이 당신에게 고통을 준다는 것을 알고 있나요? 그녀의 가벼운 행동은 그렇지 않다는 생각이 들게 하는군요. 왜 당신이 느끼는 대로 사실을 이야기하지 않는 것이지요? 그녀가 당신에게 조그만 애정이 있기만 하더라도 스스로 바꾸어보려고 애쓸 겁니다. 그렇지 않다면 당신에게는 두 가지 선택이 있습니다. 그녀를 떠나고 다른 사람의 감정에 좀 더 민감한 여자를 찾거나, 당신이 그녀를 그 정도로 사랑한다면, 그녀의 감성을 점잖게 깨워주며 그녀의 상태를 그대로 받아들이세요.

아무튼, 당신이 하는 선택과 함께 행운이 있기 바랍니다.

멜라니

---

même si 비록 …지만 de la faute de …의 잘못인 compter sur 믿다, 의지하다 charme (m.) 매력, 아름다움 se faire pardonner 용서받다 encourager sa conduite 그녀의 행동을 부추기다 insensible à …에 둔감한 remontrance (f.) 권고, 훈계 se rendre compte 깨닫다, 이해하다 faire douter 의심하게 하다 la moindre affection 최소한의 애정 éveiller 일깨우다, 환기시키다 la sensibilité 감수성, 감성(感性).

# 2 직업의 세계

## 1 지원동기서 (1)

Madame, Monsieur,

Actuellement à la recherche d'un emploi, je vous propose ma candidature pour le poste de facteur.

Je souhaite contribuer à un service de qualité dans un souci d'amélioration continue.

Mon esprit d'équipe, mon sens de l'organisation et ma capacité de mémorisation sont des atouts que je souhaiterais mettre à votre disposition.

저는 지금 구직 중이며 우편 집배원 직에 지원합니다. 계속되는 고민 속에서 더 나은 서비스에 기여하고자 합니다. 저의 팀웍 정신, 기획력, 기억력 등은 제가 보여드릴 수 있는 장점입니다.

(중략)

---

à la recherche d ~을 찾고 있는   le poste de facteur 집배원 직

## 2 지원동기서 (2)

> Madame, Monsieur,
>
> Actuellement étudiant, je me permets de vous proposer ma candidature pour un poste de (préciser).
>
> Mes études de (préciser) et ma culture générale me permettent d'avoir une grande ouverture d'esprit et d'excellents rapports humains.
>
> De plus, je m'adapte facilement à toutes situations, je suis polyvalent et j'ai le sens du service.

현재 학생이며 ~ 직에 지원합니다. 저는 ~를 공부하고 있으며 일반적인 문화는 더 넓은 정신의 개방과 인간관계를 가질 수 있게 합니다.

그리고 모든 상황에 잘 적응하며 여러 능력을 갖고 있고 서비스 정신이 있습니다.

---

pour un poste de ~직에    culture générale 일반문화, 일반상식    je m'adapte 적응하다

## 3  지원동기서 (3)

Madame, Monsieur,

Suite à votre annonce parue dans le Parisien, je vous propose ma candaditure pour le poste de monteur.

Titulaire d'un BTS audiovisuel, je sais assimiler les principes du montage (choisir, construire, raconter) en fonction des différents types de diffusion.

De plus, je suis réactif, je fais preuve d'une grande qualité d'écoute, je suis créatif, j'ai le sens de l'observation et je maîtrise les logiciels Avid media Composer et Final Cut pro.

Dans l'attente de vous rencontrer afin de vous argumenter de vive voie mes multiples motivations, je vous prie d'agréer, Madame, Monsieur, l'expression de mes respectueuses salutations.

르 파리지앵 지(紙)에 게재된 광고를 보고, 편집직에 지원합니다. 신문방송학 전문기술 자격증을 소지하고 있고 편집의 기본원칙을 숙지하고 있으며 (선택, 구축, 나레이션) 여러가지 방송 유형에 따라 다룰 수 있습니다.

반응이 좋고 청취 능력도 뛰어나며 창조적이고, 관찰 감각이 있습니다. Avid media Composer 와 Final Cut pro 소프트웨어를 다룰 줄 압니다. 그리고 다양한 방법으로 저의 지원동기를 밝힐 수 있기를 기다리며 심심한 사의를 보냅니다.

### III 개인과 단체 생활

Suite à votre annonce 게재된 내용을 보고 BTS 전문기술자격증 (brevet de technicien supérieur) assimiler 소화하다, 동화되다

## 4 지원동기서 (4)

Madame, Monsieur,

Suite à votre annonce parue dans le (préciser), je vous propose ma candaditure pour le poste d'attaché commercial.

Titulaire d'un DUT techniques de commercialisation, je sais entretenir des relations commerciales régulières avec les clients afin de faire augmenter le chiffre d'affaire d'une entreprise.

De plus, j'ai sens du relationnel, une présentation soignée, je suis diplomate, à l'écoute, j'ai une excellente expression orale, je suis dynamique et j'ai une grande force de persuasion.

Dans l'attente de vous rencontrer afin de vous argumenter de vive voie mes multiples motivations, je vous prie d'agréer, Madame, Monsieur, l'expression de mes respectueuses salutations.

귀하,
~ 신문에 게재된 광고를 보고 영업직에 지원합니다. 저는 상업 기술 분야의 전

문학사 학위를 갖고 있으며 어느 기업의 실적 제고를 위해 고객들과의 관계를 꾸준히 가져왔습니다.

게다가 저는 관계성, 세심한 소개에 감각이 있으며 외교적 청취를 하고 뛰어나고 능동적인 표현력과 대단한 설득력을 갖고 있습니다.

직접 만나서 다양한 지원동기에 대해 설명할 수 있기를 기대하며 심심한 사의 (謝意)를 드립니다.

---

DUT 기술전문대학 수료증 (diplôme universitaire de technologie)

## 5 사직서 (1)

Madame, monsieur,

Je viens de prendre connaissance de votre lettre de démission qui met donc un terme à notre collaboration. J'en suis à la fois désolé car j'ai apprécié votre apport pour notre équipe, tant au plan humain que professionnel.

귀하,
나는 방금 당신의 사직서 제출로 우리의 협력 관계도 끝났다는 것을 알게 되었습니다. 당신의 우리 팀에 대한 기여는 인간적인 면에서나 직업적인 면에서 컸기 때문에 나도 바로 결심할 수 있었습니다.

(중략)

---

met donc un terme à notre collaboration 우리의 협력을 끝내다

## 6 사직서 (2)

> Madame, Monsieur,
>
> Je vous informe par la présente de ma décision de démissionner de mon poste de (intitulé du poste) que j'occupe chez (nom de la société).
>
> Cette décision est motivée pour des raisons familiales. Mon époux est muté en (nom de la région) et son départ effectif est fixé pour (date).

(중략)

귀하,

본 서신을 통해 ~ 사에서 ~ 직위를 맡아온 저의 사직(辭職)의 뜻을 제출합니다. 이 결정은 가정적인 문제에서 비롯되었습니다. 남편은 00 지방으로 이전 근무하게 되었으며 ~일 자로 이동하게 되었습니다.

(중략)

Madame, Monsieur, l'expression de mes salutations les meilleures.

가장 나은 인사를 전합니다,

## 7 업무중단 요청서 (1)

Madame, Monsieur,

Je ne pourrai me rendre à mon travail aujourd'hui. En effet, le médecin a diagnostiqué une (préciser) et m'a prescrit un arrêt de travail de 2 semaines. Je vous joins le certificat médical et vous tiendrez informé de ma reprise.

오늘 출근이 불가능합니다. 의사는 ~라고 처방했고 2주일 간의 업무 중단을 권고했습니다. 의료기록을 첨부하고 업무를 재개하면 직접 알려드리겠습니다.

Veuillez agréer, Madame, Monsieur, l'expression de mes salutations distinguées.

정중한 인사를 드립니다.

Signature 서명

diagnostiquer 진단하다   prescrire 권장하다

## 8 업무중단 요청서 (2)

Madame, Monsieur,

Par cette lettre, je vous informe que Monsieur (ou Madame), domicilié(e), et salarié(e) de mon entreprise, a été victime d'un accident du travail, le (précisez la date), (précisez le lieu ou le trajet…).

본 서신을 통해 ~에 거주하고 우리 기업에 근무 중인 ~ 씨가 다음과 같은 사고를 당했다는 것을 알려드립니다. 날짜, 장소.

Vous trouverez ci-joint le formulaire de déclaration d'accident, ainsi qu'une attestation de salaire.

사고 신고 양식과 급여확인서를 첨부합니다.

Je vous prie d'agréer, Madame, Monsieur, mes respectueuses salutations.

존경하는 인사를 전합니다.

Signature 서명

## 9 이력서 (1)

| | |
|---|---|
| Prénom NOM | 이름 성(姓) |
| Adresse | 주소 |
| Numéro de téléphone | 전화번호 |
| Courriel | e메일 |
| Date de Naissance | 생년월일 |
| **SECRETAIRE DE DIRECTION** | 지도 감독 |
| 12 ans d'expérience | 12년 경력 |
| **EXPERIENCE PROFESSIONNELLE** | 직업 경력 |

Secrétaire de direction : 12 ans d'expérience en contrats CDD et Intérim
지도 감독 : 12년 경력 : 특정기간 계약 (contrat à durée déterminée) 및 임시직
  - Filtrage d'appels 통화 필터링
  - Suivi de dossiers (clients et fournisseurs) 서류 추적조사 (고객 및 공급처)
  - Comptabilité du service 회계 업무
  - Gestion des agendas (Directeur et 5 cadres) 일정 관리 (사장 및 간부 5인)
  - Suivi de correspondance 서신 조사

Contrats effectués chez : xxxsa, établissement XY, Manpower, Adia, XXX, YYY,

### III 개인과 단체 생활

ZZ
다음 회사들과의 계약 수행

Aide comptable : 7 ans d'expérience 회계 업무 보조 7년

- Saisie des écritures 필기 자료 입력
- Déclaration de TVA 부가가치세 신고
- Paye (30 salariés) 30 근로자 봉급 지불

Contrats effectués chez : xxxsa, établissement XY, Manpower
다음 회사들과의 계약 내용 수행

**FORMATION**        학력

BTS PRO Comptabilité.    대학입학 자격시험 RPO(직업분야 진출) 회계관리

INFORMATIQUE        정보과학

Maîtrise complète : Word, Excel, Access, Internet, Bilan+
다음 내용 완전히 구사
Bonnes connaissances : Publisher, Lotus note
잘 이해함

**LANGUES**        언어

Anglais courant et commercial. (Lu : ***, Parlé : ****, Ecrit : **)

영어 구사 유려함 (읽기 3/5, 말하기 4/5, 쓰기 2/5)

## ACTIVITES     활동

Cerf volant et randonnée pédestre en groupe
연 날리기, 도보 및 단체 트레킹

# 10   이력서 (2)

Prénom Nom     이름 성(姓)
Né le 4 mars 1995     생년월일
Nationalité - française     국적(여성으로 여성형으로 쓰거나 국가명)
Adresse     주소
Code Postal Ville     도시 우편번호
Tél :     전화
Email :     e메일

## FORMATION     학력

2024 : Diplôme final     최종학력

2018 : Diplôme (option)     학위증 (선택)

2017 : Diplôme (option)   학위증 (선택)

2015 : Baccalauréat Matière (Option XXXXX )  대학입학자격시험 분야

## EXPERIENCE PROFESSIONNELLE   직업 경력

Mois 2018    Stage, expérience professionnelle… 직업경험 연수
Mois 2017    Stage, expérience professionnelle… 직업경험 연수
Mois 2016    Stage, expérience professionnelle… 직업경험 연수

## CONNAISSANCES LINGUISTIQUES ET INFORMATIQUES
언어 및 정보과학 지식

Anglais : niveau bac +
영어 : 대학입학자격시험 수준 이상

USA : séjour (Villes…)
미국 언어연수 (도시)

ANGLETERRE : séjour (Villes…)
영국 언어연수 (도시)

Espagnol : niveau Bac +
스페인어 : 대학입학 자격시험 수준 이상

Informatique : 정보과학, 다음 활용가능

PC, MAC…….. : Words, Excel, Windows 9., Internet…………………..

**AUTRES ACTIVITES**  기타 활동

Permis … 운전면허
Sports : …. 스포츠
Passionné par … 관심분야
Aime … ~를 좋아합니다.

## 11 이력서 (3)

Prénom NOM              이름 성(姓)
Adresse                 주소

Numéro de téléphone     전화번호

E mail                  e메일

Date de Naissance       생년월일

**DIRECTEUR DES VENTES**  판매 책임자

134 ⋯ 프랑스어 e메일

## EXPERIENCES PROFESSIONNELLES 직업경력

Mai 2015 – Aujourd'hui 2015년 5월 이후

Pamavon et Associés - Directeur adjoint des Ventes 판매 부(副) 책임자
- Responsable d'une augmentation des ventes de 10MF à 15MF 판매량 제고 책임
- Contact avec les principaux organismes banquier 주요 은행권 책임자 접촉
- Management d'une équipe de 40 Commerciaux 40 상공인 관리
- Administration d'une subvention Etatique de 150.000 Eur
  15만 유로 지원금 관리

Sept. 2017 - Mai 2019   2017년 9월 - 2019년 5월

Revisons 32 - Responsable régional des Ventes 지역 판매 책임자
- Responsable d'une croissance de 18% des ventes par an
  연 18% 판매 증가 책임
- Coordinateur régional d'une équipe de 8 Commerciaux
  8개 지역 상사 팀 조율

Oct. 2015 - Sept. 2017   2015년 10월 - 2017년 9월

Touletoutin – Commercial 툴투탱 사(社) 영업담당
- Ouverture de 6 nouveaux compte client 고객 구좌 6곳 개설
- C.A. réalisé de 8 MF par an 연 8 MF 실현
- Management d'une équipe de 12 Commerciaux 12 영업인 관리
- Administration d'une subvention Etatique de 150.000 Eur

15만 유로의 지원금 행정처리

## FORMATION    학력

2016 - 2017
DESS - Vente et produit pharmaceutique - Univ. Paris Nord
석사 이후 취득한 1년제 전문가 과정 – 약품의 판매와 생산, 파리 노르대학교

2014 - 2016
Maitrise - Chimie Moléculaire 석사 분자 화학
  - Spécialisation, appliqué à l'industrie pharmaceutique
    의료 산업에의 적용

## CENTRES D'INTERETS    관심분야

Association 협회

Président de l'association des anciens élèves du DESS XXXXX
전직 DESS 모임 회장

Sport 스포츠

Compétition de Voile en monotype, Hockey sur glace
단일스타일 요트 경기, 아이스하키

## 12 근무증명서 (1)

Je soussigné, M ... ,

Agissant en qualité de ... de la société ... ( nom et adresse )

Certifie que M ... ( nom et prénom du salarié )
Immatriculé à la Sécurité Sociale sous le n° ...
Demeurant ...

하기 서명한 본인은 ~ 회사에서 ` 직을 맡고 있는 oo로 (사회보장 번호 ~~~) xx에 거주하고 있으며

A été employé dans notre entreprise en qualité de ...
Du ... au ...
우리 회사 ~ 부서에서 00부터 00까지 근무했습니다.

M ... est libre de tout engagement envers notre société à compter de ce jour.
~ 이후로 우리 회사와 맺은 계약으로부터 자유롭습니다.

Fait à ... , le ... 작성일 , 장소
Pour servir et valoir ce que de droit.

법률에 따른 효력 발생합니다.

(signature de l'employeur) 고용인 서명

## 13  근무증명서 (2)

Madame, Monsieur,

J'ai occupé le poste de (précisez) dans votre entreprise du (précisez la date) au (précisez la date).
A cette date, mon contrat est arrivé à son terme.

저는 귀 회사에서 ~ 직을 맡아 ~까지 근무해왔으나 이 날짜로 계약이 종결되었습니다.

(중략)

Je vous prie d'agréer, Madame, Monsieur, mes respectueuses salutations.
정중한 인사를 드립니다.

Signature 서명

## 14  근무증명서 요청

Madame, Monsieur,

J'ai été employé en contrat à durée déterminée au sein de votre société en tant que

(poste) du (date) au (date).
본인은 귀 사에 계약직 사원으로 ~부터 ~까지 근무했습니다.

A ce jour je vous informe ne pas avoir encore reçu mon certificat de travail. Je vous rappelle que ce document est une des pièces qui doit être remis au salarié dès la fin de son contrat au sens de l'article L.122-16 du Code du travail.

근무 증명서를 아직 받지 못해 여기 다시 요청합니다. 근로기준법 L.122-16에 의하면 계약 종결 시점에 근로자에게 발부하게 되어 있습니다.

Je vous demande donc de me faire parvenir dans les 5 jours ouvrables suivant la réception de la présente ce certificat. A défaut, vous me verriez dans l'obligation de saisir les autorités compétentes pour faire valoir mes droits.

이 확인서를 받는 즉시 5일 안에 발부해주실 것을 요청합니다. 그렇지 않으면 관련 당국에서 저의 권리를 행사하게 할 것입니다,

Vous remerciant de votre attention, je vous prie d'accepter, Madame, Monsieur, l'expression de mes sentiments respectueux.

감사를 드리며 정중한 인사를 드립니다.

# 3 아르바이트와 취업

## 1 오페르 아르바이트 구인

Famille française trois enfants cinq à douze ans cherche jeune fille parlant anglais travail au pair pour grandes vacances en Normandie petits travaux ménagers écrire Mme Poupon, Agence Duchesse, 212, avenue Poincaré 75015 Paris

5세에서 12세까지 세 어린이가 있는 프랑스 가정이 여름방학 동안 노르망디 지역에서 집안일까지 도와줄, 영어를 구사하는 아가씨를 찾고 있습니다. 다음 주소로 연락 주십시오.

Mme Poupon, Agence Duchesse, 212, avenue Poincaré 75015 Paris

---

cinq à douze ans 5세부터 12세까지의 au pair 일을 해주는 대가로 숙식 및 용돈을 제공받는 일  parlant anglais 영어를 구사하는 pour grandes vacances 여름방학 동안 petits travaux ménagers 여러 가지 집안 일

## 2 오페르 일 신청

Madame,

En réponse à votre offre d'emploi parue dans le Figaro du 15 avril, je vous écris pour vous offrir mes services au pair pour l'été.

J'ai dix-huit ans, je suis canadienne et je parle anglais. J'aimerais beaucoup passer l'été en France, et, comme j'adore les enfants, j'ai trouvé votre proposition très intéressante.

Je vous serais reconnaissante de bien vouloir me préciser quelles seraient mes obligations envers les enfants et mes heures de loisir. J'aimerais aussi savoir à quelle distance de Paris se trouve votre maison de campagne. Je pourrais arriver en France à la fin du mois de juin et réserver avec vous jusqu'à fin août. J'ai l'intention de passer une semaine à Paris au début de septembre, avant de retourner au Canada.

Si vous désirez des références, je me ferai un plaisir de vous en envoyer. Je vous prie de recevoir , Madame, mes sentiments dévoués.

Monique Tremblay

귀하,

지난 4월 15일 르 피가로 지(紙)에 실린 구인 광고를 보고 여름 동안 오페르 일을 하고자 편지를 씁니다.

저는 18세로, 캐나다인이며 영어를 구사합니다. 저는 프랑스에서 여름을 보내고 싶고, 아이들을 좋아하기 때문에 당신의 제안에 매우 관심을 갖게 되었습니다.

어린이들에 대해서 제가 할 일이 무엇이며 저의 여가시간에 대해 구체적으로 말씀해주시면 고맙겠습니다. 그리고 당신의 전원주택이 파리에서 얼마나 떨어져 있는지도 알고 싶습니다. 저는 6월 말에 프랑스에 도착해서 8월 말까지 당신들과 같이 있을 수 있습니다. 9월 초에는 캐나다로 돌아가기 전에 파리에 1주일 동안 지낼 생각입니다.

저에 관한 참고자료를 원하시면 기꺼이 보내드리겠습니다. 저의 심심한 사의를 보내는 바입니다.


모니크 트랑블레이

---

**En réponse à** ...에 대한 답으로 **offre d'emploi** (f.) 구인 광고 paru(e) 게재된 paraître의 과거분사 Je vous serais reconnaissant(e) de ...하면 고맙겠습니다 préciser 구체적으로 하다 à quelle distance de Paris 파리에서 얼마나 떨어진 obligation (f.) 의무, 꼭 해야 할 일 envers ...에 대한 référence n.f. 참고자료, 추천서, 보증서 dévoué 헌신적인

## 3  친구의 승진 축하

Mon cher Vincent,

Mon patron m'a dit hier que tu avais été promu au poste de chef du service d'études à Saint-Gobain. J'en suis enchanté pour toi et te félicite de cet avancement, que tu mérites bien, d'ailleurs. Tu trouveras tes collègues de l'usine de Saint-Gobain compétents, travailleurs et ambitieux. Je les ai bien connus lorsque j'y ai fait un stage il y a deux ans.

Je suis persuadé que tu te feras une excellente situation dans notre entreprise. J'ai toujours admiré tes qualités de chercheur, ainsi que tes dans de créativité.
Je te fais encore tous mes compliments et t'envoie mes meilleurs souhaits de réussite pour ton avenir.

Bien à toi

Patrick


친근한 뱅상에게,

사장님은 네가 생 고뱅 연구부의 책임자로 승진하게 되었다고 어제 내게 말했다. 나는 너의 그 소식에 아주 기뻤고 승진을 축하하는데, 너는 그런 대우를 받을 만하다고 생각한다. 너는 생 고뱅 공장의 동료들이 능력 있고 근면하며 야심에

찬 사람들이라고 생각하게 될 것이다. 나는 2년 전에 그곳에서 연수를 받을 때 그들을 잘 알게 되었다.

너는 우리 회사에서 훌륭한 경력을 쌓을 것으로 확신한다. 너는 늘 연구원으로서 너의 능력과 창조적인 재능을 높이 평가해왔다.

다시 한번 나의 모든 찬사를 보내며 너의 미래의 성공을 위한 나의 기원을 너에게 보낸다.

너를 생각하며
파트릭

---

patron (m.) 사장, 고용주  promu(e) 승진한, 진급한 promouvoir의 과거분사.  service d'études 연구 부서  avancement (m.) 승진  d'ailleurs 게다가  compétent 능력있는  travailleur,euse 근면한, 부지런한  ambitieux, euse 야심 있는  faire une situation 경력을 쌓다  don (m.) 타고난 재능  compliment (m.) 축하의 말, 찬사

## 4 취업한 친구 축하

Ma chère Anne-Marie,
정다운 안느-마리에게

Je t'écris pour te dire combien je suis heureuse pour toi que tu aies réussi à trouver une autre situation. Ton ancienne position n'était vraiment plus tenable, et tu avais bien raison de t'en plaindre.

## III 개인과 단체 생활

네가 다른 직장에 취직하게 되었다는 소식에 얼마나 기뻤는지 말해주려고 편지하게 되었다. 너의 이전 직장은 정말 참아낼 만한 곳이 아니었고 불평을 한 것도 일리가 있는 일이었다.

C'est Madame Prévost qui m'a renseignée sur ce changement dans ta vie professionnelle, quand je l'ai rencontrée l'autre jour à la bibliothèque. Son mari va donc être ton patron. Tu ne pourras que t'en féliciter. Je le connais comme un homme probe, juste et sympathique.

일전에 도서관에서 프레보스트 부인을 만났을 때, 네가 직장을 옮겼다는 것을 내게 말해주었다. 그의 남편이 너의 상사가 되게 된다. 너는 기뻐할 일만 남았다. 나는 그가 청렴하고 정의로우며 사람이 좋은 분으로 알고 있다.

Ta position de chef du service des ventes t'ouvrira d'autres portes dans cette entreprise, et je suis sûre que M. Prévost ne fera pas obstacle à ton avancement, comme on le fasait dans ton ancienne maison.

판매팀장의 지위는 너에게 이 회사에서 또 다른 길들을 열어줄 것이고, 프레보스트 씨는 너의 이전 직장에서 삶들이 그랬던 것 같은 승진에 장애가 되지 않으리라고 확신한다.

Bonne chance, donc, ma chère Anne-Marie, dans ton nouvel emploi. J'espère te rencontrer bientôt pour fêter ton changementde situation.

정다운 안느 마리, 새 직장에서 행운이 있기를 바란다. 직장을 옮긴 것을 축하하기 위해 조만간 만났으면 좋겠구나.

Ta fidèle amie,

Simone

너의 신실한 친구

시몬

---

**trouver une situation** 취직하다 **tenable** 참을 수 있는 se plaindre 불평하다, 개탄하다 la vie professionnelle 직장 생활 **probe** 청렴한, 성실한 (= très honnête) service des ventes 판매팀 obstacle (m.) 장애, 훼방

# IV
# 비즈니스를 위한 서신

프랑스어 e메일

# 비즈니스 서신

## SI SOCIÉTÉ INTERNATIONALE

*(l'en-tête)*

35, BOULEVARD HAUSSMANN
ADR. TÉLÉGR GÉNÉRALAT-PARIS
Téléphone 01.01.50.20.00

Agence Centrale
Etranger et Outre-mer
Téléphone 01.01.55.15.35 (Poste 233)

Paris, le 27 janvier 2024  *(la date)*

Madame Anne HOUDON
Chez P. Gervais  *(la vedette)*
175, Fbg Poissonnière
75009 PARIS

N/REF: JLS/BC *(la référence)*
Compte 5 259 838 0 *(l'objet)*
relevé de compte *(la pièce jointe)*

   Madame, 부인

*(l'appel)*

                    *(la formule d'entré en malère)*

 Nous avons l'hommeur de faire suite à votre lettre 19.01.2024 et vous prions de trouver ci-joint votre relevé de compte.
 귀하의 2024년 1월 19일 자 서신에 대한 답을 하게 된 것을 기쁘게 생각하며 당신의 계좌 명세서를 동봉하오니 찾아보시기 바랍니다.

 Nous vous serions reconnaissants de bien vouloir nous préciser si nous devons vous aresser désormais le courrier à cette adresse.  *(le corps de la lettre)*
 이제부터는 우리가 우편물을 이 주소로 보내야 하는지 구체적으로 지적해주시면 감사하겠습니다.

 Nous vous prions d'agréer, Madame, l'expression de nos sentiments disingués.  *la formule de politesse*
 우리들의 각별한 사의(謝意)를 보내는 바입니다.

       Jean Dubois  *(la signature)*
*(l'en-tête)*     LE DIRECTEUR.  *(le titre du signataire)*

S.A. fondée en 1923-CAPITAL F. 1.142.810.600 Siège Social à Pares
35, BD Haussmann- R.C.S. Paris B 552 120 222

사장 **장 뒤부아**
(상업 서신에서는 서명하기 전에 이름도 타자를 해주는 것이 좋다)

| | |
|---|---|
| l'en-tête (m.) | 레터 헤드, 상호 주소 등 인쇄된 부분 |
| la vedette | 수취인의 이름과 주소 |
| la référence | 참고 (JLS/BC 등은 일반적으로 작성자 이름의 약자) |
| l'objet (m.) | 편지의 주제 |
| la pièce jointe | 동봉 자료 |
| l'appel (m.) | 호명, 호칭 |
| la formule d'entree en matière | 서신의 도입부 |
| le corps de la lettre | 본문 |
| la formule de politesse | 끝인사 |
| la signature | 서명 |
| le titre du signataire | 서명자의 직위 |
| | |
| poste (m.) | 교환 |
| Fbg | Faubourg의 약자 |
| | |
| la boîte postale (B.P) | 사서함 |
| le CEDEX | 비즈니스 메일 |
| (courrier d'entreprise à distribution exceptionnelle) | |
| le compte courant postal (C.C.P) | 우편 계좌 |
| le montant | 총액 |
| le post-scriptum | 후기(後記) |
| la raison sociale | 상호 |
| la S.A (Société anonyme) | 주식 회사 |
| la S.A.R.L | 유한책임회사 |
| (Société anonyme à responsabilité limitée) | |

# IV 비지니스를 위한 서신

gravé                  새겨진
imprimé                인쇄된
en toutes lettres      생략하지 않고 완전하게 표기한
A l'attention de       ...귀하

특히 겉봉에 다음과 같이 쓸 수 있다

A l'attention de : Monsieur P. Duchesne
                  ( Monsieur J. Dupuis
                   M. le Directeur du Service des ventes
                   Madame Jacqueline Dutilleul
                   Mme la Directrice du personnel )

## 1 정보를 요청하는 말

a. Nous vous prions de nous faire savoir, par retour du courrier, si possible ...
   가능하면 답신을 통해 알려주십시오

b. Je vous serais obligé(e) de me faire connaître les renseignements suivants...
   다음 정보를 알려주시면 고맙겠습니다

c. Veuillez m'envoyer aussitôt que possible le prix des articles suivants ...
   다음 품목의 가격을 가능한 한 빨리 보내주십시오

d. Je vous serais reconnaissant(e) de bien vouloir me faire savoir ...
   ...을 알려주시면 고맙겠습니다

aussitôt que possible 가능한 한 빨리 être obligé(e) à (quelqu'un) ...에게 ...해야만 하다 être reconnaissant(e) de ...에 대해 감사하는 faire savoir 알려주다 par retour du courrier 답장을 통해

## 2 주문하는 말

a. Veuillez m'expédier le plus tôt possible ...
   가능한 한 빨리 보내주십시오

b. Je vous prie de bien vouloir me faire parvenir
   ...를 전해주시기 바랍니다

c. Prière de nous adresser immédiatement ...
   즉시 우리에게 보내주십시오

d. Je vous serais reconnaissant(e) de bien vouloir m'envoyer ...
   저에게 보내주시면 고맙겠습니다

e. Nous vous confirmons l'ordre ...
   주문 내용을 확인해드립니다

adresser 보내다 confirmer 확인하다 expédier 발송하다 faire parvenir 보내다, 전달하다 l'ordre (m.) 주문 passer une commande 주문하다

# IV 비지니스를 위한 서신

## 3 정보 요청이나 주문에 답하는 말

a. **Comme suite à notre coup de téléphone du 6 mai,** je vous confirme ...
   5월 6일 우리의 전화 통화에 이어, ..를 확인해 드립니다

b. **Suite à la commande** que vous nous avez passée le 15 courant ...
   귀하께서 이달 15일에 하신 주문에 이어 ...

c. **Nous référant à notre conversation téléphonique** du 23 janvier...
   1월 23일 우리의 전화 통화에 관하여

d. En réponse à votre lettre du 4 courant ... nous sommes en mesure de ...
   귀하의 이 달 4일 자 서신에 대한 답으로, 우리는 ..할 수 있고

e. Nous vous remercions vivement de votre demande de renseignements ...
   귀하의 정보 요청에 대해 깊이 감사드리며

f. Comme suite à votre courrier du mois dernier ... vous trouverez ci-inclus...
   지난 달 귀하의 서신에 이어 ...를 동봉합니다

---

ci-inclus 동봉한  comme suite à ...의 후속으로  courant 이 달의, 15 courant은 이 달 15일  en réponse à ...에 대한 답으로  être en mesure de ...가능한  se référer ...에 의거하다, 관계하다  vivement 열렬하게

## 4 거절하거나 유감을 표명하는 말

a. **Nous regrettons vivement de ne pas pouvoir satisfaire** votre commande ...
주문에 대해 충족시켜드리지 못해 유감입니다.

b. **J'ai le regret de vous informer que ...**
...와 같이 말씀 드리게 되어 유감입니다.

c. **Je regrette de vous faire savoir que nous ne pouvons pas donner suite à votre propositions ...**
귀하의 제안에 대해 후속 조치를 취할 수 없어서 유감입니다.

d. **Veuillez nous excuser de répondre avec tant de retard ...**
뒤늦게 답하게 된 점 용서해주십시오

---

avoir le regret de ..를 유감으로 생각하다 donner suite à ...를 계속해서 실천하다 exprimer 표명하다 satisfaire 만족시키다 tant de 그렇게 많은

## 5 접수 사실을 확인시켜주는 말

a. **Nous vous accusons réception de votre facture** du 6 mai ...
우리는 5월 6일 자 귀하의 계산서를 잘 받았습니다.

b. **J'ai bien reçu votre télégramme du 15 septembre ...**
9월 15일자 귀하의 전보를 잘 받았습니다.

c. Je m'empresse de vous remercier de m'avoir envoyé...
  저에게 ..를 보내주신 데 대해 급히 인사드립니다.

d. Votre commande nous est parvenue hier et nous nous empressons de ...
  귀하의 주문이 어제 우리에게 도착했고 우리는 서둘러...

---

accuser réception de ...의 접수를 확인시키다 s'empresser de 서둘러 바쁘게 ..하다 la facture 송장(送狀), 계산서

## 6 정보나 서비스를 제공하는 말

a. Nous avons l'honneur de vous informer que ...
  우리는 ...를 알려드리게 된 것을 영과으로 생각합니다.

b. J'ai le plaisir de vous faire savoir que ...
  ...을 알려드리게 되어 기쁩니다.

c. Nous serions particulièrement heureux de traiter avec vous ...
  우리는 귀하와 같이 처리하게 되면 특히 기쁠 것입니다.

d. Nous vous informons que nous avons actuellement ...
  우리는 지금 ...라는 것을 알려드립니다.

e. Nous nous permettons de vous faire nos offres de service ...
  귀하에게 우리의 ..서비스를 제안하게 되었습니다.

actuellement 지금  avoir l'honneur de ...를 영광으로 여기다  l'offre de service 서비스의 제공  se permettre de ... 하기로 하다  traiter avec ...와 같이 일을 처리하다

## 7 지불 요청하는 말

a. Je me permets d'attirer votre attention sur ...
   ...에 대한 귀하의 관심을 촉구하게 되었습니다

b. Je vous serais obligé(e) de bien vouloir accéder à notre demande ...
   우리의 요청에 대응해주시면 감사하겠습니다.

c. Nous nous voyons dans l'obligation de ...
   우리는 ...를 해야만 하게 되었습니다.

d. J'ai l'honneur de vous prier de bien vouloir m'envoyer le montant de ma facture...
   계산서의 총액을 보내주실 것을 정중히 부탁드립니다.

e. Vous m'obligeriez en m'adressant le plus tôt possible le montant de ma facture ...
   가능한 한 빨리 계산서의 총액을 보내주십시오.

f. Nous vous rappelons que vous restez nous devoir ...
   귀하는 우리에게 ..를 지불해야한다는 것을 상기시켜드립니다.

accéder à une demande 요청을 받아들이다  attirer l'attention de 주의를 환기시키다  réclamer 요청하다  se voir dans l'obligation de ..에 대한 의무감을 느끼다

## 8 지불하며 하는 말

a. Je vous envoie ci-joint un chèque du montant de ... et vous en souhaite bonne réception ...
총액 ...의 수표를 동봉하오니 정히 영수하시기 바랍니다.

b. Nous vous prions de trouver ci-joint ... et vous serions obligés de nous en accuser réception .
..를 동봉하오니 접수 사실을 알려주십시오.

c. En règlement de votre facture du ... nous vous prions de trouver ...
귀하의 계산서에 대한 결제로 ..를 동봉합니다.

d. Nous avons l'honneur de vous remettre sous ce pli un chèque ...
수표를 동봉하게 되어 영광으로 생각합니다.

---

le chèque 수표  ci-joint 동봉한  effectuer 실행하다  en règlement de ...의 결제를 위해
le paiement 지불  remettre 보내다, 발송하다  sous ce pli 동봉한

---

## 9 요청하는 말

a. Je me permets de porter à votre attention le fait que ...
...에 대한 귀하의 관심을 촉구합니다.

b. Nous vous rappelons que vous nous avez promis ...
   귀하께서 약속하신 내용을 상기시켜 드립니다.

c. Veuillez me faire savoir d'urgence ...
   긴급히 알려주시기 바랍니다.

d. Nous vous signalons que ...
   ...을 알려드립니다.

e. Nous avons été surpris de constater ...
   우리는 ...을 확인하고 놀랐습니다.

---

constater 사실을 확인하다 à votre attention 당신에게 d'urgence 긴급하게 rappeler 상기시키다 promis 약속한 (promettre 동사의 과거분사) signaler 지적하다

## 10 끝인사를 시작하는 유용한 표현

a. Dans l'attente de votre réponse,
   답신을 기다리며

b. En vous remerciant de la confiance que vous nous témoignez
   우리에게 보여주신 신뢰에 감사드리며

c. En attendant la faveur de votre ordre ...
   주문해 주시는 호의를 기다리며

## IV 비지니스를 위한 서신

d. Dans l'attente de vous lire, nous ...
　답신을 기다리며

e. Dans l'espoir que vous voudrez bien ...
　...하시기를 기다리며

f. Avec tous mes remerciements...
　저의 모든 사의(謝意)를 드리며

g. Avec nos remerciements anticipés...
　미리 우리의 사의를 전하며

h. En vous remerciant à l'avance, ...
　미리 귀하께 감사드리며

i. Espérant que notre offre vous paraîtra intéressante ...
　우리의 제안이 귀하에게 흥미 있기 바라며

j. En espérant que cette solution vous paraîtra acceptable, ...
　이 해결책이 귀하가 받아들일 만한 것으로 보여지기를 바라며

k. En vous souhaitant bonne réception de la marchandise, ...
　물품을 잘 받으시기 바라며

l. Comptant sur une prompte réponse, ...
　즉각적인 회답을 기대하며

la confiance 믿음, 신뢰  conformément à ...에 맞추어, ...에 따라서  dans l'attente de ...를 기대하며  dans l'espoir que ...를 희망하며  en attendant ...를 기다리며  être en mesure de ... 할 수 있는

# 1 비즈니스를 위한 인사말

## 1 잘 알지 못하는 고객에게

시작 : Monsieur,

끝 : Agréer, Monsieur, mes salutations distinguées 또는
Veuillez agréer, Monsieur, l'expression de mes sentiments dévoués.
저의 헌신적인 인사를 드립니다.

시작 : Madame,

끝 : Agréez, Madame, mes salutations les plus empressées 또는
Nous vous prions de recevoir, Madame, l'expression de nos sentiments distingués.
부인, 각별한 감정의 표현을 전합니다.

## 2 잘 아는 고객에게

시작 : Cher Monsieur,

끝 : Veuillez agréer, Cher Monsieur, l'expression de mes sentiments les meilleurs.
가장 소중한 감정의 표현을 받아주십시오.

시작 : Monsieur et cher client,

끝 : Croyez, Monsieur et cher client, à mes sentiments les plus amicaux.
친애하는 고객님, 가장 우정어린 인사를 드립니다.

시작 : Chère Madame,

끝 : Je vous prie d'agréer, Chère Madame, mes respectueuses salutations.
친애하는 부인, 존경하는 마음의 인사를 드립니다.

시작 : Madame et chère cliente,

끝 : Veuillez agréer, Madame et chère cliente, l'expression de mes sentiments les meilleurs.
친애하는 고객님, 가장 소중한 저의 인사를 드립니다.

## 3 각계 인사에게 보내는 공식 서신에서

### 대통령에게

Monsieur le Président,

Veuillez agréer, Monsieur le Président, l'hommage de mon profond respect.

### 장관에게

Monsieur le Ministre, Madame le Ministre,

Veuillez agréer, Monsieur (Madame) le Ministre, l'assurance de ma très haute considération.

### 대사에게

Monsieur l'Ambassadeur, 또는 Excellence,

Veuillez agréer, Monsieur l'Ambassadeur, les assurances de ma très haute considération.

## 영사에게
Monsieur le Consul, Madame le Consul,
Veuillez agréer, Monsieur le Consul, l'assurance de ma haute considération.

## 관리에게
Monsieur le Préfet,(도지사) Monsieur le Maire(시장, 구청장, 동장),
Je vous prie d'agréer, Monsieur le Préfet, l'assurance de ma considération distinguée.

## 상원의원(sénateur), 하원의원(député)에게
Monsieur le Sénateur, Madame le Sénateur, Veuillez agréer, Monsieur le Sénateur, l'assurance de mes sentiments les plus distingués.

## 교수, 교사에게
Monsieur le Professeur, Madame le (la) Professeur, Cher collègue, Chère collègue(편지 쓰는 사람이 같은 업종에 종사할 때),
Recevez, Monsieur, l'assurance de ma considération distinguée.

## 장교에게
(계급이 낮은 사람이 부를 때) Mon Général, Mon Colonel,
(사회적인 관계에서) Mon cher Commandant,

## 왕족에게
Sire, Madame, Prince,

## 변호사(avocat) 공증인(notaire)에게
Maître, Cher Maître, Cher collègue, Chère collègue(같은 업종에 종사하는 사람끼리)

## 의사에게
Docteur, Mon cher docteur, Cher collègue, Chère collègue,

## 회사 사장에게
Mon cher Président, Monsieur le Directeur,

## 교황(pape)에게
Très Saint-Père,
J'ai l'honneur d'être, très Saint-Père, avec la plus profonde vénération, de Votre Sainteté le très humble serviteur et fils (ou) la très humble servante et fille.

## 추기경(cardinal)에게
Eminence, Daignez agréer, Eminence, l'hommage de mon plus profond respect.

## 대주교(archevêque), 주교(évêque)에게
Monseigneur,
Veuillez agréer, Monseigneur, l'hommage de mon plus profond respect.

## 신부에게
Mon Révérend Père, Mon Père

## 성직자에게
Monsieur le Chanoine(교회 참사회원), Monsieur le Curé(주임 사제), Monsieur le Rabbin(유태교 랍비), Monsieur le Pasteur(목사),

# 2  관련 기록 변경 및 요청

## 1 주소변경 통보

Madame, Monsieur,

Je viens par la présente vous annoncer que je déménage de mon domicile actuel à compter du (indiquer la date).

Je vous prie de bien vouloir noter ma nouvelle adresse pour me faire parvenir nos correspondances.

(indiquer votre nouvelle adresse)

Je vous prie de croire, Madame, Monsieur, à l'assurance de ma respectueuse considération.

---

 귀하

… 부터 저의 주소가 다음과 같이 변경됨을 알려드립니다.

우편자료가 바로 배달되도록 메모하시기를 부탁드립니다.

심심한 사의를 전합니다.

domicile actuel 현 주소 à compter de ~ 부터

## 2 의료기록 요청

LETTRE DE DEMANDE DE COPIE DE DOSSIER MEDICAL
의료 기록 사본 요청서

| | |
|---|---|
| Nom, prénoms | 성명 (성 + 이름) |
| Adresse | 주소 |
| | |
| Cente hôspitalier de...... | 병원 명칭 |
| RUE ....... | 주소 |
| VILLE ....... | 도시 |

Monsieur (Madame),

J'ai été hospitalisé(e) du (date) au (date) dans le service du Dr (nom). Conformément à la loi du 31 juillet 1991 et à son décret d'application du 30 mars 1992, je vous prie de bien vouloir transmettre une copie de mon dossier médical au médecin que je désigne à cet effet :

Dr (nom et adresse du cabinet).

(중략)

의료기록 사본 요청서

저는 ~부터 ~까지 OOO 선생님 담당으로 입원해있었습니다. 1991년 7월 31일 법과 1992년 3월 30일 시행령에 따라 의료기록 사본을 의사 선생님께 요청합니다.

Recevez, Monsieur (Madame), l'assurance de mes sentiments distingués.
정중한 인사를 전합니다.

(Signature) 서명

---

hospitaliser 입원시키다 dans le service de ~ 담당으로 conformément à ~에 짜라, ~에 적합하게 transmettre 전달하다, 발부하다

## 3 임금 인상 요청 (1)

Monsieur 귀하

Je travaille dans l'entreprise depuis (préciser le nombre d'années). Je suis au poste de (indiquer votre poste) et jusqu'à ce jour, j'ai eu que des compliments de mes supérieurs hiérarchique pour la qualité de mon travail.

본인은 이 기업에서 일한 지 ~년이 되었고 지금까지 ~ 직을 수행해 왔습니다. 그리고 업무의 질에 대해 상급자들로부터 칭찬을 받아왔습니다.

J'assume totalement mon poste et je m'implique énormément dans mon travail. Je fais des heures supplémentaires lorsque cela est nécessaire.

저의 업무를 완전히 수행하고 있고 저의 일에 매진하고 있으며, 필요할 경우 초과 근무도 합니다.

J'envisage d'apporter mon savoir faire, encore pendant de longues années à mon entreprise.

앞으로 이 기업에서의 여러 해의 근무로 얻은 저의 노하우를 바칠 생각입니다.

Par contre, depuis le (date), je n'ais pas eu d'augmentation de salaire, c'est pourquoi je vous demande d'envisager cette augmentation.

그와 반대로 ~ 이래로 저의 임금인상은 없었습니다. 그래서 임금인상 검토를 요청드립니다.

Dans l'attente de votre réponse, je vous prie d'agréer, Monsieur, l'expression de mes salutations distinguées.

회신을 기다리며 정중한 인사를 드립니다.

Votre signature 서명

---

augmentation de salaire 임금인상 savoir faire 노하우 envisager 검토하다, 고려하다 dans l'attente de ~을 기다리며

## 4 임금 인상 요청 (2)

Nom Prénom        성 이름
Adresse           주소
Code postal Ville 도시 우편번호

Madame, Monsieur

Salarié dans l'entreprise depuis maintenant (nombre d'années), j'assume les fonctions de (indiquez vos fonctions) avec beaucoup de satisfaction.
귀사에서 ~ 이후로 근무해왔으며 만족스럽게 근무하고 있습니다.

Je m'investis, en effet, énormément dans mon travail et n'hésite pas à accomplir des heures supplémentaires lorsque cela est nécessaire.
J'estime assumer la responsabilité de l'ensemble des tâches qui me sont confiées avec rigueur et efficacité.

저는 이 일에 모든 정력을 바쳤고 필요하다면 추가 시간 근무도 마다하지 않았습니다. 그리고 주어진 일에 대해 엄격하고 효율적으로 책임감을 갖고 수행해 왔다고 평가합니다.

J'aimerais continuer longtemps à apporter ma contribution à la société.
C'est pourquoi, je sollicite de votre part une augmentation de salaire.

저는 이 기업에서 오랫동안 발전에 기여하면서 근무하고 싶습니다. 그래서, 급여의 인상을 요청합니다.

En espérant que vous prendrez ma demande en considération, je vous prie d'agréer, Madame, Monsieur le Directeur, l'expression de mes sentiments distingués.

저의 요청을 고려해 주실 것으로 희망하며 정중한 인사를 전합니다.

Signature 서명

---

s'investir 발벗고 나서다 assumer 도맡다, 수행하다 solliciter 청원하디, 간청하다

## 5 근로 증명 요청

Madame, Monsieur,

Je suis salarié au sein de votre entreprise depuis le (indiquer la date) au poste de (indiquer le poste), je vous demande de bien vouloir m'adresser un attestation d'emploi.

저는 ~부터 귀사에서 ~ 직을 담당하며 근무하고 있으며 저에게 근로 확인서 발급을 요청합니다.

En effet, je recherche actuellement un logement et mon futur propriétaire me demande ce document.

그리고 저는 지금 거처를 찾고 있는데 주인은 이 같은 서류를 요구하고 있습니다.

Dans l'attente, je vous prie d'agréer, Madame, Monsieur, l'expression de mes salutations distinguées.

회신을 기다리며 정중한 인사를 드리는 바립니다.

---

au sein de ~한복판에서, ~ 품안에서  propriétaire 주인  attestation d'emploi 근무 증명서

## 6 인사 이동 요청

Monsieur le directeur ou madame (changer le titre en fonction des attributions de la personne ...)
사장님께, (담당자에게 ~ 직을 부여한 사람)

En application de la circulaire du ..   et notamment de son article ... (cf pièce jointe) variante : de la convention collective ... j'ai l'honneur de vous soumettre ma demande de mutation pour ..(désigner le nouveau lieu de travail ...), afin d'y exercer les fonctions suivantes, et ceci,  après avoir vérifié l'intérêt de la direction des ressources humaines compétent pour mes compétences.

~ 일자 회람과 관련 기사 (첨부)에 따라 그리고 단체 협약에 따라서 ~ 직으로의 이동 근무를 요청합니다. 새 부서를 위해 인사담당 부서의 이해관계를 파악하고 저의 능력도 확인했습니다.

Je suis conscient(e) de la nécessité de préparer ce départ dans les meilleurs conditions pour la continuité du service dont vous avez la charge, et suis à votre disposition pour tout échange sur ce point. L'échéance souhaitable pour cette opération est la mi-décembre 2024 (adapter en fonction de la situation), ce qui rend possible, à mon avis, la transmission des consignes nécessaires au bon déroulement de mon intérim et de ma succession.

업무의 계속성을 유지하고 귀하가 맡은 책임에도 상응하기 위하여 저는 이동을 준비 해야 할 필요를 잘 알고 있습니다. 이 작업의 희망 기일은 2024냔 12월 중순으로 알고 있으며 업무의 이양은 저의 대리 업무와 연계자에게 잘 진행될 것입니다.

(중략)

---

la circulaire 회람 conscient(e) de 의식을 가진 자각하는

# 3 광고

## 1 구인 광고 (offre d'emploi)

Important

groupe pharmaceutique

situé à

Mantes la Jolie

recherche chimiste

à plein temps

-Niveau B.T.S.

- Expérience souhaitée dans

l'industrie pharmaceutique

Envoyer CV manuscrit et prétentions

sous réf. 5048 à P.T.L.

51, bd des Capucines 75015 Paris

Cédex 01

qui transmettra

망트 라 졸리에 위치한 주요 제약 그룹이 전임 근무할 화학자를 찾습니다.
수준은 고등기술자 자격증(BTS) 소지자로
제약회사에서 근무 경력자를 우대

자필 이력서와 요구 사항을 아래 주소로 우송하면 본사로 전달 됨
파리 제15구 카푸신 로(路) 51번지 (비즈니스 메일 번호 1) PTL 참조번호 5048

pharmaceutique 약학의, (f.) 제약학, chimiste 화학자 à plein temps 전임의, 상근의 B.T.S (Brevet de Technicien Supérieur) 고등기술자 자격증 CV (curriculum vitae) (m.) 이력서 manuscrit 손으로 쓴 prétention (f.) 요구사항 réf référence 의 약자, 참조, 참고 bd Boulevard의 약자 transmettre 전달하다

## 2 구인 광고를 보고 응모하는 서신

Monsieur le Directeur,

En réponse à votre annonce, parue dans le Journal du 17 courant, j'ai l'honneur de poser ma candidature au poste de chimiste dans votre société.

Je pense que mon éducation, ainsi que le stage que je viens de faire, me qualifient pour cet emploi.

Vous trouverez ci-joint mon curriculum vitæ. Je pourrai me procurer une lettre de recommandation, si vous le désirez, et me tiens à votre desposition pour une entrevue.

Dans l'espoir d'une réponse favorable, je vous prie de recevoir, Monsieur le Directeur, l'expression de mes salutations distinguées.

Suzanne Vernod

Curriculum vitæ

## IV 비지니스를 위한 서신

Suzanne Vernod

14, rue du Midi, 75012 Paris

**Renseignements d'ordre général**

Née à Paris le 18 juin 2000

célibataire

**Formation**

2006-2012 Etudes primaires

2012-2018 Etudes secondaires au lycée Pasteur (Paris)

2018      Baccalauréat C

2019      Brevet de technicien supérieur

**Expérience**

Stage de six mois aux Laboratoires Legrand

---

사장님,

이 달 17일 자 신문에 난 광고를 보고 귀 회사 화학자의 직에 응모하게 된 것을 영광으로 생각합니다.

제가 받아온 교육과 최근에 한 연수는 위의 직을 수행하기에 합당하다고 생각합니다.

이력서를 동봉합니다. 원하신다면 추천서도 받을 수 있으며 면담에도 응하겠습니다.

호의적인 답을 기다리며 각별한 사의를 보내는 바입니다.

이력서

쉬잔 베르노
파리 제12구 미디 가(街) 14번지

* 일반적인 사실
2000년 6월 18일 파리 출생
독신

* 학력
2006-20122 초등 교육
2012-2016 파리 파스퇴르 고등학교에서 중등 교육
2018 바칼로레아 C 부문 취득
2019 고등기술 자격증 취득

* 경력
르그랑 연구소에서 6개월 연수

---

en réponse à ...에 답하여 paru(e) 게재된 courant 이 달의 poser ma candidature 응모하다, 지원하다 se qualifier 자격 요건을 갖추다 ci-joint 동봉한 se procurer 얻다, 구하다 lettre de recommandation 추천서 à votre disposition 당신 마음대로 하실 수 있습니다. baccalauréat (m.) 바칼로레아, 대학입학자격시험. A1부터 A7, B부터 E까지 그리고 F1부터 F10 등으로 세분되어 있으며 기술분야로 진출하려는 사람은 1, 2년간의 추가 학습으로 고등 기술 자격증을 취득할 수 있다.

## 3 구직 광고 (Demande d'emploi)

Jeune homme, 25ans

expér. télévision

1 an aux U.S.A.

cherche situation à mi-temps

préf. contacts communications

Anglais, espagnol courants

Que me proposez-vous?

Téléphone: 01.06.33.15.92

25세의 청년. TV 분야 경험,

1년간 미국 체류. 아르바이트 일을 찾고 있음

직접 대화를 선호함. 영어, 스페인어 능통

저에게 제안할 일은?

전화 : 01.06.33.15.92

---

expér (expérience) (f.) 경험  préf (préférence) (f.) 선호  courant 능통한, 유창한

## 4 구직 광고에 관심을 나타내는 편지

Monsieur,

Comme suite à notre conversation téléphonique, je vous confirme votre rendez-vous avec notre chef de service du personnel, mercerdi prochain, le 10 mars, à quinze heures.

Il m'a prié de vous demander d'apporter votre curriculum vitæ et les certificats d'un ou des deux de vos employeurs, en France et aux Etats-Unis.

Recevez, Monsieur, l'expression de mes salutations distinguées.

C. Fauchet

Directeur du Marketing

귀하,

우리의 전화 통화의 후속으로, 오는 수요일 오후 3시에 있을 우리 인사 책임자와의 약속을 확인시켜드립니다.

인사책임자는 당신의 이력서와 프랑스, 미국에서의 고용주 확인서를 지참하라고 당신에게 부탁해달라고 내게 당부했습니다.

각별한 인사를 전합니다.

영업부장 C.포셰

---

comme suite à ...의 후속으로 conversation téléphonique 전화 통화 chef de service du personnel 인사부장 certificat (m.) 증명서, 확인서 employeur (m.) 고용주

## 5 소개의 편지

Cher ami,
친구에게,

Vous allez recevoir la visite d'un de mes amis, Monsieur Roubot, que je recommande à votre bienveillance.

당신은 곧, 제가 당신의 선처를 부탁하는 나의 친구 가운데 하나인 루보 씨의 방문을 받게 될 것입니다.

Il doit arriver la semaine prochaine dans votre belle ville, et y passera une semaine pour affaires. Il a l'intention, pourtant, de changer de situation. Je ne vous demanderais pas de recevoir ce jeune homme, si je n'étais sûr de lui comme de moi-même. Je suis certain que, si vous pouviez le placer dans votre société, il vous rendrait les plus grands services.

그는 당신의 아름다운 도시에 다음 주 중에 도착할 예정이며 비즈니스 관계로 1주일을 보내게 될 것입니다. 하지만 그는 직장을 옮기고 싶어합니다. 만약 제가 그를 저 자신처럼 믿지 못한다면 당신께 그를 만나보라고 하지도 않았을 것입니다. 만약 당신 회사에 그를 채용하실 수 있다면 그는 가장 큰 역할을 할 것으로 확신합니다.

J'espère que vous me pardonnerez de vous importuner ainsi et vous prie de croire, cher ami, à mes sentiments les meilleurs.

귀찮게 해드린 데 대하여 용서하시리라 기대하며 저의 인사를 합니다.

Michel Boudin
미셸 부댕

recevoir la visite ...의 방문을 받다 bienveillance (f.) 호의, 온정 avoir l'intention de ...할 의도를 갖다 rendre service 역할을 하다, 기여하다 importuner 귀찮게 하다, 괴롭히다

# 4　거주지 관련 서신

## 1　거주지 임대

**Immobilier**

Offres meublés(10e)

Marais, studio meublé

refait neuf

415 euros  01.02.65.41.09

**Offres vides(5e)**

Bel app. tt eft. 3P. cuis.

s. de bains, w.-c. 65㎡ 715 euros

ch. compr. Visite sur place de

15 à 16h. 40 rue Saint-Jacques

01.06.33.45.27

부동산

가구 딸린 집 (파리 제10구)

마레 지역, 가구 딸린 원룸 아파트

새로 수리했음

월 415 유로   전화01.02.65.41.09

가구 딸리지 않은 집 (파리 제5구)
쾌적하고 멋진 아파트. 방 셋과 부엌
욕실, 화장실 면적 65 평방미터 월 715 유로
난방비 포함. 오후 3시에서 4시까지 현장 방문 가능
생 자크 가(街) 40번지
전화 01.06.33.45.27

---

**immobilier** (m.) 부동산, 부동산업 **10e**, 파리 제10구(10e arrondissement à Paris) **meublé** 가구 딸린 refait 수리한, 새로 고친 vide 가구가 딸리지 않은 **appt tt. cft** 쾌적한 아파트 (apparte s. de bains 욕실(salle de bains) **ch. compr** 난방비 포함(chauffage compris)

## 2 월세 지불 연기 요청

Monsieur,
귀하,

Je vais me trouver dans l'impossibilité de vous régler mon loyer le mois prochain, et vous prie de bien vouloir m'en excuser.

다음 달에는 월세를 지불할 수 없는 상황에 처하게 될 것 같아 용서를 구하게 되었습니다.

> **IV** 비지니스를 위한 서신

Je suis en effet au chômage depuis deux mois et devrais recevoir mes allocations sous peu. Malheureusement, par suite de problèmes administratifs, les versements qui me sont dûs ont été retardés, et je me trouve par conséquent démunie d'argent. Dès que ma situation sera régularisée, je ne manquerai pas de vous régler ce que je vous dois immédiatement.

저는 두 달째 실업 상태이며 조만간 생활보조금을 받아야만 합니다. 그런데 불행하게도 행정적인 문제 때문에 저에게 지불되는 금액의 지급이 늦어지고 있어서 저는 돈이 없는 상태에 놓이게 되었습니다. 저의 상황이 정상을 되찾는 대로 제가 갚아드려야 할 금액을 즉시 결제해 드리겠습니다.

En espérant que vous comprendrez ma situation, je vous prie de croire, Monsieur, à l'assurance de mes sentiments distingués.

제가 처한 상황을 이해하시기 바라면서 저의 각별한 인사를 드리는 바입니다.

Marcel Forey
마르셀 포레

---

se trouver 어떤 상황에 놓이다 (être의 뜻) régler 돈을 갚다 loyer (m.) 월세, 임대료 être au chômage 실업(失業) 상태이다 allocation (f.) 생활보조금 sous peu 곧 (bientôt, dans peu de temps) problème administratif 행정적인 문제 versement (m.) 불입, 납부 dû 지불되어야 하는 (devoir 동사의 과거분사) régulariser 정상화하다

## 3 수리 요청

Monsieur,
귀하,

Le sol de la cuisine de l'appartement meublé que j'occupe, 40 rue Saint-Jacques, se trouve avoir un besoin urgent de réparations. En effet, plusieurs carreaux qui étaient déjà cassés lorsque je suis arrivée dans l'appartement, sont maintenant en très mauvais état. De ce fait, ils peuvent provoquer un accident.

제가 지금 살고 있는 생 자크 가(街) 40번지에 있는 가구 딸린 아파트는 부엌 바닥을 급히 수리해야만 합니다. 제가 이 집에 도착했을 때 이미 깨져있었던 바닥 타일 몇 장은 지금 상태가 무척 나쁩니다. 이런 상태에서는 사고를 유발할 수도 있을 것입니다.

Je vous demanderai donc de bien vouloir envoyer un ouvrier pour remettre le sol en état. Veuillez bien me prévenir pour que je puisse m'arranger pour être à la maison quand il viendra.

바닥을 수리하기 위해 일꾼을 한 사람 불러주실 것을 요청합니다. 그가 왔을 때 제가 집에 있도록 조정하기 위해서 미리 알려주시면 고맙겠습니다.

Je vous prie de recevoir, Monsieur, l'expression de mes sentiments distingués.

저의 각별한 마음의 표현을 전합니다.

IV 비지니스를 위한 서신

Françoise Béguin
프랑스와즈 베갱

---

sol (m.) 바닥 meublé 가구 딸린 avoir un besoin ...를 필요로 하다 réparation (f.) 수리 en mauvais état 상태가 나쁜 de ce fait 이 같은 상태로부터 provoquer 야기하다 remettre en état 정상으로 만들어 놓다 m'arranger 조절하다

---

## 4 계약의 해지 요청

Madame,
부인,

Ma femme et moi sommes, depuis la naissance de nos deux enfants, très à l'étroit dans les deux pièces que nous occupons dans votre immeuble, 17 Cité Vaneau. Nos filles grandissent et auront bientôt besoin d'une chambre chacune. Aussi avons-nous décidé de déménager en banlieue.

나의 아내와 저는 우리들의 둘째 아이가 태어나면서부터 우리가 지금 살고 있는 부인의 건물인 시테 바노 17번지의 방 두 개 아파트가 매우 좁아졌습니다. 우리 딸들은 커가고 있으며 곧 각자 자기 방을 필요로 하게 될 것입니다. 그래서 우리는 교외로 이사하기로 결정했습니다.

Nous regrettons de quitter le quatier et l'immeuble où nous nous sentions en sécurité, mais d'un autre côté, le petit jardin qui entoure le pavillon que nous avons l'intention d'acheter, donnera aux enfants plus d'espace pour s'ébattre en toute liberté.

우리는 이 동네와 우리가 안전하다고 느껴왔던 건물을 떠나는 것이 유감입니다만 다른 한편으로는 우리가 구입하려고 하는 단독주택을 둘러싸고 있는 작은 정원은 아이들에게 뛰어놀 공간을 제공할 것입니다.

J'espère que vous comprendrez notre désir de nous évader de la ville, et que vous ne verrez pas d'inconvénients à ce que nous libérions l'appartement dans deux mois. Il ne s'agira alors que d'une période de trois mois avant le renouvellement de notre bail.

우리가 도시에서 떠나려는 욕망을 부인께서 이해하시고 두 달 후에 아파트를 비우게 되는 데 있어서 어떤 불편도 겪지 않으시기 바랍니다. 우리들의 임대차 계약을 갱신하기 전까지 3개월에만 해당되는 문제일 것입니다.

Nous vous prions de croire, Madame, à l'assurance de nos sentiments cordiaux.

우리들의 정다운 인사를 전합니다.

Jules Leclerc
쥘 르크렉

---

résiliation (f.) 취소, 해지  bail (m.) 임대차 계약  à l'étroit 비좁은  deux pièces 방 두 개인 아파트  en banlieue 교외로  aussi 그래서 (다음에 오는 주어와 동사는 도치됨)  en sécurité 안전한  entourer 둘러싸다  pavillon (m.) 교외의 단독 주택  s'ébattre 뛰어놀다  inconvénient (m.) 불편, 지장  libérer 비우다  renouvellement (m.) 갱신, 새로이 함

# 5 은행 관련 업무

## 1 은행 계좌 개설 신청

Monsieur le Directeur,
지점장님,

Nous vous prions de bien vouloir ouvrir sur vos livres un compte au nom de la S.A. TOUVABIEN, domiciliée 89, rue des Anges à Paris(5e).

귀하의 장부에서 파리 제5구 앙제 가(街) 89 소재 투바비앵 주식회사의 구좌 개설을 요청합니다.

Nous vous confirmons que ce compte constituera un compte courant et que seules ma signature et celle de notre Trésorier (dont vous trouverez ci-inclus un échantillon) devront être acceptées.

이 구좌는 당좌 계좌가 될 것이며 나와 우리의 재무 담당자의 서명(여기 견본을 동봉합니다)만 접수하게 됩니다.

Vous voudrez bien trouver également ci-joint:
- un extrait du registre du commerce ;            3

- un exemplaire du Journal d'annonces légales indiquant la création de notre société;
- une copie certifiée des statuts de la société.

그리고 다음을 동봉합니다.
- 사업자 등록증 사본
- 회사 창업을 알리는 법정 공보(公報) 1부
- 공증된 회사 정관(定款)

Veuillez agréer, Monsieur le Directeur, l'expression de nos sentiments distingués.

사장님, 저의 각별한 감정을 전하는 바입니다.

Robert Lafontaine
Chef de la comptabilité

로베르 라퐁텐
회계책임자

---

au nom de …라는 이름으로 S.A. 주식회사(société anonyme) domicilié 거주하는, 정주하는 compte courant (m.) 당좌예금 trésorier, ère 회계 담당자 échantillon (m.) 견본 registre du commerce 사업자 등록부 statut (m.) 규약, 정관(定款)

## 2  수표책 발행 신청

Monsieur ou Madame,
지점장님,

Je vous serais obligée de m'envoyer un carnet de cinquante chèques barrés avec souches, et de faire porter le montant des frais au débit de mon compte no. 75438200.

저에게 횡선 수표 50매 수표책과 원부를 보내주시고  비용은 저의 계좌 75438200에서 결제하시기 바랍니다.

J'apprécierais un délai minimum d'impression et de préparation des chèques.

수표책의 인쇄와 준비 기간이 최소 기간이었으면 합니다.

Recevez, Monsieur et Madame, mes sincères salutations.
지점장님, 신실한 저의 인사를 받아주십시오.

Claire Maritain
클레르 마리탱

---

Je vous serais obligé(e) de …하면 고맙겠습니다    chèques barrés 횡선수표. 표면에 두 줄의 평행선을 그은 수표. 수표 소지인이 일단 자신의 거래 은행에 입금한 이후에야 현금을 찾을 수 있다.    souche (f.) 원부

## 3 대출 신청

Monsieur,
지점장님,

 Comme suite à la conversation que nous avons eue hier, je vous confirme ma demande d'un prêt personnel de 1.000 euros pour une période de six mois au taux d'intérêt de 10%par an, le taux courant de votre banque.

우리가 어제 나눈 대화에 이어, 1천 유로의 개인적인 대출을 귀 은행의 현재 금리인 연 10%로 6개월간 대출 신청을 확인하는 바입니다.

 Je vous serais reconnaissant de bien vouloir déposer ce prêt à mon compte.
이 대출을 저의 구좌에서 해 주시면 고맙겠습니다.

Avec mes remerciements anticipés, je vous prie de recevoir, Monsieur, mes salutations distinguées.
미리 감사드리며 각별한 저의 인사를 드립니다.

Pierre Reboul
피에르 르불

---

omme suite à ~에 이어서  prêt(m.) 대 부, 대출 pour une période de ~동안의 taux d'intérêt (m.) 이율, 이자 taux courant 현재의 이율 anticipé 미리 하는

## 4 계좌 이체 신청

Madame,
지점장님,

Veuillez faire virer de mon compte sur livret no.046792/02 la somme de 20.550euros (vingt mille cinq cent cinquante euros) au crédit du compte courant no.257835/23 au nom de M. Jacques Thibaud.

저의 예금 계좌 046792/02에서 2만 5백 50유로를 자크 티보 이름으로 된 257835/23 당좌계좌로 이체해 주시기 바랍니다.

Croyez, Madame, à mes sentiments les plus distingués.

저의 각별한 인사를 드리는 바입니다.

Andrée Bardot
앙드레 바르도

---

virer 이체하다   livret (m.) 통장   au crédit de ~의 구좌에   compte sur livret (m.) 예금 구좌
compte courant 당좌 계좌   au nom de ~ 이름으로

## 5 신용카드 신청

Messieurs,
귀하,

J'ai l'honneur de vous demander de me délivrer une carte Bleue <Visa>, exclusivement à mon nom.

저의 이름만으로 된 비자 카드 발급을 요청하게 되어 영광입니다.

 Vous trouverez ci-inclus mes références bancaires et financières.
저의 은행 및 재정 관련 자료들을 동봉합니다.

Je reconnais avoir pris connaissance des conditions de fonctionnement de la carte bleue, déclare y adhérer sans réserve, et assumer la responsabilité entière de l'utilisation de cette carte.

신용카드 사용에 대한 제반조건을 숙지했으며 주저함 없이 가입하고 카드 사용에 따른 책임을 지겠습니다.

Veuillez porter les frais à mon compte No.257835/23 à l'agence Opéra.
오페라 지점에 개설된 제 구좌 257835/23에서 비용을 지불하도록 해주십시오.

Je vous prie de croire, Messieurs, à l'assurance de mes sentiments distingués.
각별한 인사를 전합니다.

## IV 비지니스를 위한 서신

Jacqueline Robicher
자크린느 로비세

---

avoir l'honneur de ~을 영광으로 여기다   délivrer 발부하다   carte bleue (f.) 신용카드
néférence (f.) 참고자료   assumer la responsabilité 책임을 지다   sans réserve 거리낌 없이, 전적으로

### 6 신용카드 갱신 통보

Mlle Sylvie Melançon
208 Hill Road Apt 73
Norwalk CT 06854 USA

MADAME, MADEMOISELLE, MONSIEUR,
귀하,

VOTRE CARTE BLEUE VENANT D'ETRE RENOUVELEE POUR UNE DUREE D'UN AN, VOUS POURREZ LA RETIRER A VOTRE AGENCE BANCAIRE CONTRE REMISE DU TICKET DE RETRAIT CI-DESSOUS ANNEXE.

아래 부착된 카드 인환증을 갖고 귀하의 거래 은행에서 1년간 기간이 연장된 새

카드를 찾을 수 있습니다.

PAR AILLEURS, NOUS CROYONS UTILE DE VOUS RAPPELER QUE LE CODE CONFIDENTIEL QUI VOUS A ETE PRECEDEMMENT COMMUNIQUE RESTE INCHANGE.

그리고 지난번에 알려드린 비밀번호는 변하지 않은 상태임을 다시 알려드리는 것도 필요하다고 생각합니다.

NOUS VOUS PRIONS D'AGREER, MADAME, MADEMOISELLE, MONSIEUR, L'EXPRESSION DE NOS SENTIMENTS DISTINGUES.

우리들의 각별한 인사의 표현을 전하는 바입니다.

CENTRE CARTE BLEUE N° 3
신용카드 센터 3번.

---

Ticket de retrait de la carte Bleue
신용카드 인환증

banque ~은행    guichet 창구
à présenter à votre guichet de banque, code
은행 창구에 제시할 코드

C.B. no 3973 109 157 706

# IV 비지니스를 위한 서신

Mlle Sylvie Melançon
실비 멜랑송

Déclare avoir reçu et accepté
texte actuel des conditions de fonctionnement de la carte Bleue
신용카드를 접수했으며 사용조건에 대한 문안도 받아들였습니다.

La cotisation est de 20 euros  분담비용 20 유로

---

renouveler 갱신하다.  pour une durée de ~를 기한으로  retirer 찾다. 인출하다.  contre remise ~를 제출하고  par ailleurs 게다가, 그리고   code confidentiel 비밀번호  cotisation (f.) 분담금, 갹출금

---

## 7 신용카드 갱신에 대한 답장

Monsieur ou Madame,
지점장님,

J'ai bien reçu votre lettre indiquant que ma carte Bleue venait d'être renouvelée, mais comme j'habite en ce moment à l'étranger, je vous demanderai de bien vouloir me l'envoyer en recommandé. à l'adresse suivante:

저의 신용카드가 갱신되었다는 귀하의 편지를 잘 받았지만 지금 해외에 저주하고 있기 때문에 아래 주소에 등기로 우송해 주시기를 부탁드립니다

Jacqueline Bernardin
600 boul. Queen nord
Windsor (Québec)
G95 2H6

자크린느 베르나르댕
북부 퀸 대로 600번지
윈저, 퀘벡

  Avec mes remerciements anticipés, je vous prie, Monsieur ou Madame, d'agréer mes salutations les plus distinguées.

미리 감사의 뜻을 전하며 저의 가장 각별한 인사를 드립니다.

Jacqueline Bernardin
자크린느 베르나르댕

---

indiquant ~을 지적하는   à l'étranger 해외에   en recommandé 등기우편으로   anticipé 미리하는

# 6 임대와 예약

## 1 관광안내소에 정보 요청

Monsieur,
귀하,

Ayant l'intention de passer quelques semaines de vacances à Juan-les-Pins, du 1er au 21 août, je vous serais reconnaissante de bien vouloir me communiquer quelques renseignements.

Notre famille se compose de quatre personnes, dont deux adolescents, et nous disposerons d'une voiture. Nous souhaiterions trouver soit un hôtel du genre pension de famille, à des prix moyens, soit un appartement ou une villa à Juan ou dans les environs.

8월 1일부터 21일까지 주앙-레-팽에서 몇 주간의 휴가를 보낼 의향을 갖고 있으니, 몇 가지 정보를 주시면 고맙겠습니다.
우리 가족은 네 명으로 구성되어 있고 그중에 둘은 청소년이며 차를 한 대 확보할 것입니다. 우리는 중간 가격 정도의 민박 스타일 호텔을 찾거나 주앙 또는 인근 지역에서 아파트나 빌라를 찾을 것입니다.

Pourriez-vous m'indiquer les hôtels correspondant à cette description, et les villas ou appartements à louer dans la région, avec leurs prix de location?

이와 같은 조건에 합당한 호텔들과 이 지역에서 빌릴 수 있는 별장이나 아파트들을 임대료와 함께 가르쳐 주실 수 있습니까?

Par ailleurs, je vous demanderai également de me dire quelles sont les ressources touristiques de la région.

그리고, 이 지역의 관광자원으로는 어떤 것들이 있는지도 묻고 싶습니다.

Dans l'attente de votre réponse, je vous prie d'agréer, Monsieur, l'assurance de ma considération distinguée.

답을 기다리며, 깊은 감사의 뜻을 전하는 바입니다.

Renée Gervais
르네 제르베

---

syndicat d'initiative (m.) 관광 안내소  je vous serair reconnaissant de ~하면 고맙겠습니다.  adolescent(e) 청소년  soit...., soit.... ~든지 ~든지  correspondant à ~에 부합하는  description(f.) 묘사,기술  ressources touristiques 관광자원

## 2 호텔 예약

Monsieur,
귀하,

Mon mari et moi désirons passer trois semaines de vacances avec nos deux enfants à Juan-les-Pins, entre le 1er et le 21 août. Votre établissement nous a été recommandé par le Syndicat d'initiative et nous vous serions reconnaissants de bien vouloir nous retenir deux chambres avec salle de bains, l'une à un lit à deux personnes, l'autre à deux lits, pour cette période. Nos fils partageront la deuxième chambre. Nous aimerions avoir vue sur la mer, si poosible.

나의 남편과 나는 두 아이와 함께 8월1일부터 21일까지 주앙-레-팽에서 3주일간의 휴가를 보내기를 원합니다. 관광안내소는 이 호텔을 추천했는데, 이 기간동안 욕실 딸린 방을 두 개 예약해주면 하는데 하나는 침대 하나에 2인용, 다른 하나는 침대 둘인 것으로 부탁합니다. 우리 아들들은 두 번째 방을 같이 쓸 것입니다. 가능하면 바다가 보였으면 좋겠습니다.

Auriez-vous l'obligeance de nous indiquer le montant des arrhes que nous devrons vous verser, et dans quels délais?

계약금으로는 얼마를 언제까지 내야 하는지 가르쳐 주시면 고맙겠습니다.

Dans l'attente de votre confirmation, nous vous prions de recevoir, Monsieur, nos salutations distinguées.

귀하의 확인을 기다리며 각별한 인사를 드리는 바입니다.

Renée Gervais
르네 제르베

---

établissement(m.) 기관, 시설  retenir 예약하다.  partager 나누다. 같이 쓰다.  vue(f.) 전망, 경치  obligeance(f.) 친절, 호의  arrhes(f.pl) 선금, 계약금

## 3 호텔 측의 답장

Madame,

J'ai l'honneur de confirmer votre réservation pour deux chambres, l'une à un lit, l'autre à deux lits, pour vous et votre famille, du 1er au 21 août. La première a une salle de bains et vue sur la mer, mais la deuxième n'a qu'une douche et donne et le jardin. J'espère que vous n'y verrez pas d'inconvénient. Leurs prix sont respectivement de 100 euros et 80 euros la nuit, avec petit déjeuner. Vous pourrez également prendre vos repas du soir à l'hôtel : les deux menus à prix fixes se montent à 15 euros par personne, vin non compris.

8월1일부터 21일까지 당신과 당신 가족을 위해 침대 하나인 방 하나와 침대 둘인 방 하나를 예약하기로 한 것을 확인해드리게 되어 기쁩니다. 첫 번째 방은 욕실이 있고 바다가 보이지만 두 번째 방은 샤워만 있고 정원이 보입니다. 거기서

## IV 비지니스를 위한 서신

불편한 점은 없기 바랍니다.
요금은 각각 100유로와 80유로이며 아침 식사가 포함되어 있습니다. 저녁식사도 호텔에서 하실 수 있습니다. 요금이 정해진 정식은 1인당 15유로이며 와인은 포함되지 않습니다.

Veuillez bien nous faire parvenir votre accord sur les réservations de chambres, et nous faire savoir si vous désirez prendre vos repas du soir à l'hôtel. Dans ce dernier cas, nous vous signalons que la cuisine ferme à vingt heures trente. Je vous serais reconnaissant de nous envoyer la somme de 700 euros à titre d'arrhes, et cela avant le 1er juillet.

이 방들의 예약에 동의하시는지 알려주시고 호텔에서 식사하실지 여부도 알려주십시오. 이 경우 부엌은 오후 8시 30분에 닫는다는 것을 알려드립니다. 그리고 7월 1일 이전에 계약금으로 700 유로를 보내주시면 고맙겠습니다.

Vous southaitant un bon voyage et un bon séjour dans notre belle région, je vous prie de croire, Madame, à mes sentiments dévoués.

우리들의 아름다운 고장에서 좋은 여행과 체류하시기 바라며, 헌신의 인사를 전합니다.

J. Blancher
Gérant

지배인 J. 브랑셰르

confirmer 확인하다. donner sur ~에 접해있다, 면해있다. inconvénient(m.) 불편, 지장 respectivement 각각　menu à prix fixe 가격이 정해진 정식　gérant(e) 관리인, 지배인 faire savoir 알려주다　à titre de ~명목으로

## 4 자동차 임대를 위한 편지

Monsieur, 귀하,

Mon mari et moi désirons louer une voiture à votre agence de la gare de Lyon, pour une période de trois à quatre semaines, du 30 juillet au 23 août. Nous aimerions une voiture de puissance moyenne, comme une Renault R 8 ou une Peugeot 405.

남편과 저는 7월 30일부터 8월 23일까지 3, 4주일 동안 귀하의 리용역 대리점에서 차를 렌트하고자 합니다. 르노 R8이나 푸죠 405 같은 중간 등급의 차를 원합니다.

Veuillez avoir l'obligeance de nous faire connaître vos tarifs à la semaine et au mois et les conditions de location d'une voiture de cette classe.

이 같은 등급의 차를 임대할 경우 임대조건과 한 주일과 한 달 단위의 임대료를 알려주시면 고맙겠습니다.

En vous remerciant à l'avance, nous vous prions de recevoir, Monsieur, nos salutions distinguées.

### IV 비지니스를 위한 서신

미리 감사를 드리며 우리들의 각별한 인사를 받아주시기 바랍니다.

Renée Gervais
르네 제르베

---

<u>location de voiture</u> 렌트카  puissance (f.) 동력, 파워  <u>avoir l'obligeance de</u>  ~하는 호의를 베풀다. (=disposition à rendrfe service)

# 7 회람

## 1 영업 중단을 알림

Mesdames,
고객분들에게,

**J'ai l'honneur de vous faire connaître** que j'ai cédé mon salon de coiffure et mon magasin de produits de beauté à Madame S. Bouvier, mon assistante, qui gérera l'affaire à partir de demain, à la même adresse.

저의 미장원과 미용관련 용품점을 나의 어시스턴트인 S. 부비에 부인에게 양도했고 부비에 부인은 같은 주소에서 내일부터 일을 맡아 할 것입니다.

**Je vous remercie de la confiance** que vous m'avez toujours témoignée et vous prie de bien vouloir **l'accorder à mon successeur**, dont vous connaissez déjà les talents.

그동안 저에게 보여주셨던 신뢰에 감사드리며 여러분도 이미 그녀의 능력을 알고 있는 저의 후임자에게도 그대로 해주십시오.

Veuillez agréer, Mesdames, l'assurance de mes sentiments les plus sincères et de mon meilleur souvenir.

저의 진실한 감정과 좋은 기억을 전합니다.

Denise Darcy
드니즈 다르시

---

faire connaître 알려주다  céder 양도하다  salon de coiffure(m.) 미장원   magasin de prtduits de beauté 미용관련 용품점   assistant(e) 어시스턴트, 조력자  confiance (f.) 신뢰, 신의  talent (m.) 재주, 재능

## 2 업체의 인계를 알림

Mesdames,
고객분들에게,

Comme vous l'annonce la circulaire ci-jointe, Madame D. Darcy m'a cédé la suite de son commerce, dans lequel elle laisse une partie de ses capitaux.

동봉한 회람에서 알리는 바와 같이 D. 다르시 부인은 그의 사업과 함께 자본금의 일부를 제게 양도했습니다.

J'espère que vous voudrez bien continuer de m'honorer de votre confiance, et m'efforcerai, de mon côté, de la mériter.

저에게도 신뢰를 계속 보여주시기 바라며 저도 그에 부응하도록 노력하겠습니다.

Dans l'attente de vous revoir très prochainement, veuillez agréer, Mes- dames, l'expression de mes sentiments bien dévoués.

조만간 뵙기를 기다리며 헌신적인 감정을 전하는 바입니다.

Solange Bouvier
솔랑쥬 부비에

---

circulaire (f.) 회람 (= lettre adressée à plusieurs personnes pour le même objet), céder 물려주다, 양도하다   capital (m.) 자본금   honorer de sa confiance  신뢰를 베풀다. de mon côté 내 쪽에서는

## 3 지점 개설을 알림

---

Chers cilents,
친애하는 고객들에게

Nous avons le plaisir de vous informer que nous venons d'achever la construction d'une nouvelle succursale du Bon Marché dans votre ville.

## IV 비지니스를 위한 서신

우리는 여러분의 도시에 "봉 마르셰" 백화점의 새로운 영업점 건설을 최근에 마쳤다는 것을 알려드리게 되어 기쁩니다.

Vous y trouverez les mêmes prix avantageux que dans le grand magasin que vous connaissez bien à Paris, mais vous n'aurez plus à perdre un temps précieux dans le métro.

여러분들이 파리 시내에서 잘 알고 있는 백화점에서와 같이 혜택을 받는 가격을 만날 수 있지만 더 이상 지하철에서 귀중한 시간을 빼앗기지 않으셔도 됩니다.

Nous espérons donc que vous nous ferez la faveur de visiter nos rayons de vente à Sceaux très bientôt. L'ouverture de la succursale donnera lieu, à partir du 1er mai à une célébration qui durera toute la semaine, et pendant laquelle nos prix habituels seront écrasés.

우리들의 소 지역 매장을 조속한 시일 안에 방문하는 호의을 기대합니다. 1주일 내내 지속될 축하 행사와 함께 지점 개점 행사가 5월1일부터 있게 되며 그 동안에 일상적인 가격은 파괴될 것입니다.

En espérant votre visite pendant cette période, nous vous prions de croire, chers clients, à nos sentiments bien dévoués.
이 기간에 방문하실 것을 기대하며 우리들의 헌신적인 감정을 전합니다.

Ben Pora Président-Directeur Général
회장 벤 포라

succursale (f.) 지점, 지부   Bon Marché 파리에 있는 백화점   avantageux 유리한, 이익이 되는   faire la faveur de 호의를 보이다.   rayon de vente (m.)매장   célébration (f.) 축하행사   écrasé 파괴된, 으깨진

## 4 영업사원의 방문을 알림

Monsieur,
귀하,

Notre représentant, M. Thibeau vous rendra visite dans le courant du mois prochain. Comme dans toutes ses tournées annuelles, il prendra lui-même contact avec vous pour arranger un rendez-vous.

우리들의 영업사원 티보 씨가 다음 달 중에 귀하를 방문할 것입니다. 연례 순회에서와 마찬가지로 티보 씨가 면담 일정을 조정할 것입니다.

Nous espérons que vous voudrez bien lui réserver comme par le passé, la faveur de vos ordres. Nous vous en remercions à l'avance, et vous prions d'agréer, Monsieur, nos salutation empressées.

과거와 마찬가지로 주문하실 내용을 그에게 예약해주시기 바랍니다. 미리 감사 드리며, 급히 인사드리는 바입니다.

Marc Dirandot

## IV 비지니스를 위한 서신

Directeur des ventes
영업부장 마르크 디랑도

---

dans le courant de ~ 동안에  tournée annuelle 연례 순회  predre contant avec ~와 연례 순회  prendre contact avec ~와 접촉하다  faveur(f.) 호의, 혜택  empressé 다급한

## 5 약속하기 위한 말

---

Monsieur,
귀하,

Comme vous l'a annoncé le Directeur des ventes de la Maison Blanchard, j'ai l'intention de passer par Dijon mercredi et jeudi prochains. J'aimerais pouvoir vous montrer les derniers modèles de nos appareils électro-
ménagers à cette occcasion.

브랑샤르 회사의 영업부장이 알려드린 것처럼 저는 오는 수요일과 목요일에 디종 시를 방문할 예정입니다. 이 기회에 저는 최신 전자제품들을 보여드리고 싶습니다.

J'ai donc l'intention d'aller vous voir vers deux heures mercredi. Je vous appellerai dans la matinée pour vérifier que l'heure vous convient. J'espère bien que vous me permettrez, comme par le passé, de vous offrir le déjeuner pendant ma visite.

저는 수요일 2시쯤에 귀하를 방문할 예정입니다. 그날 오전에 편하신 시간을 확인하기 위해 전화 드리겠습니다. 지난번과 마찬가지로 제가 방문하는 동안 점심 식사 대접하는 것을 허락하시리라고 생각합니다.

Dans l'attente de vous voir, je vous prie de croire, Monsieur, à toute ma consideration.
만나뵙기를 기다리며 저의 깊은 인사를 전합니다.

Jean-Pierre Thierry
장-피에르 티에리

---

directeur des ventes 영업부장  les derniers modèles 최신 모델들  appareil électro-ménager (m.) 가전제품  à cette occasion 이 기회에  vérifier 확인하다

## 6 자료 발송에 관한 말

Cher Monsieur,
귀하,

Suite à vorte demande, nous avons le plaisir de vous adresser ci-inclus une documentation complète concernant notre programme:

## IV 비지니스를 위한 서신

귀하의 요청을 받고 우리들의 "르 발 다쥐르" 프로그램에 관한 자료 일체를 동봉하게 된 것을 기쁘게 생각합니다.

LE VAL D'AZUR

qui est en cours de connstruction entre BIOT et VALBONNE.

이곳은 "비오"와 "발본" 사이에서 건설 중입니다.

Le meilleur accueil vous sera réservé à notre bureau de vente, sur place, ouvert tous les jours, y compris le dimanche, de 10 h à 12 h et de 14 h 30 à 18 h 30.

현장에 있는 우리의 영업 사무실에서, 매일 10시에서 12시 그리고 오후 2시30분에서 6시 30분까지 여러분을 정중하게 맞이하고 있습니다.

Restant à votre entière disposition pour tous renseignements complémentaire, nous vous prions d'agréer, Cher Monsieur, l'expression de nos meilleures salutations.

추가로 모든 정보를 요청할 수 있으며, 우리들의 각별한 인사를 전하는 바입니다.

Anne Boisvert
Responsable du bureau de vente

영업점 책임자 안느 봐베르

suite à ~에 후속으로  ci- inclus 동봉한  docummentation (f.) 문헌자료  en cours de construction 건설중인 sur place 현장에서  à votre entière disposition ~하는 것이 얼마든지 가능합니다.

# 8 주문

## 1 주문서

Monsieur,
귀하,

Veuillez me faire parvenir par retour . . . rames de papier vélin (catalogue No 3549); . . . rames de papier vergé (catalogue No 4551); . . . rames de papier pelure (catalogue No 2475); . . . rames de papier carbone (catalogue No 1328), port payé.

독피지(犢皮紙) 20연(連 카탈로그 번호 35491), 줄 처진 종이 20연(카탈로그 번호 4551), 반투명 종이 (카탈로그 번호 2475) 10연, 카본지(카탈로그 번호 1328) 10연을 운임 지불필로 보내주십시오.

Je réglerai :
  - à réception
  - par chèque bancaire joint
  - par chèque postal CCP 157-349
    (Biffer les options non retenues.)

결제는

접수 시에
동봉한 은행 수표로
우체국 수표 ccp 157-349로
(선택하지 않은 항목들은 지워주십시오.)

Veuillez également m'adresser, à titre gratuit, la dernière édition de votre catalogue.

그리고, 무료로 최신판 귀하의 카탈로그를 보내주시기 바랍니다.

Georges Fouchier
조르주 푸시에

---

par retour 반송(返送)으로  rame (f.) 종이 한 연(連) 500매, papier vergé 줄무늬가 비쳐 보이는 종이, papier pelure 반투명의 얇은 종이 papier carbone 카본지, 묵지 pont payé 운임 지불될 chèque postal 우체국 수표 biffer 삭제하다 non retenu 채택되지 않은 à titre gratuit 무료로

## 2 주문 확인

---

Monsieur,
귀하

Nous référant à la visite de votre représentant, Monsieur Leblanc, la semaine dernière, nous vous confirmons l'ordre que nous lui avns passé pour 10 rames de

## IV 비지니스를 위한 서신

papier vélin (cat. No 3459) à 110 euros la rame; 20 rames de papier vergé (cat. No 4551) à 100 euros la rame; 30 rames de papier carbone (cat. No 1328) à 72 euros la rame; et 20 rames de papier pelure (cat. No 2475) à 80 euros la rame, soit une somme totale de 7.710 euros, port payé.

지난 주, 귀사의 영업사원 르블랑 씨에게 부탁한 주문 내용을 다음과 같이 확인합니다. 독피지(카탈로그 번호3459)를 1연당 115 유로로 10연, 줄무늬 종이 (카탈로그 번호 4551) 1연당 100 유로로 20연, 카본지 (카탈로그 번호 1328) 1연당 72유로로 30연, 반투명지 (카탈로그 번호 2475) 1연당 80유로로 20연, 총 7710 유로로 운임 지불 될 것입니다.

Nous espérons recevoir cet envoi à domicile et en port payé avant le 15 septembre prochain. Nous vous réglerons, comme d'habitude, comptant par chéque bancaire, dès réception.

우리는 운임 지불일로 오는 9월 15일 이전에 자택에서 받고 싶습니다. 평소와 같이 접수시에 은행수표로 결제하겠습니다.

Veuillez accepter, Monsieur, nos meilleures salutations.
저의 최선의 인사를 받아주십시오.

Georges Fouchier
조르주 푸시에

---

se référer à ~에게 맡기다. 일임하다  passer l'ordre 주문하다.  pont payé 운임지불될  pont dû 운임 후불

## 3  주문 접수 확인

Monsieur,
귀하,

Nous avons bien reçu votre confirmation de l'ordre passé à notre représentant, Monsieur Leblanc, et vous remercions sincèrement de l'aimable accueil que vous avez bien voulu lui réserver, ainsi que de l'ordre qui s'est ensuivi.

우리는 귀하가 우리의 영업사원 르블랑 씨에게 한 주문 확인을 잘 받았으며 그에게 베푼 따뜻한 접대와 이에 따른 주문에 감사드립니다.

Cette commande vous sera livrée, les rames seront débitée au prix coûtant et reprises au prix de facture en cas de retour, en bon état et en port payé.

일상적인 조건에 따라, 연(連)들은 원가로 판매될 것이며 반품의 경우, 송장의 가격으로, 좋은 상태인 운임지불필로 받아들여집니다.

Recevez, Monsieur, l'expression de nos sentiments distingués.
각별한 인사를 전하는 바입니다.

Henri-Michel Chemin
앙리- 미셸 슈맹

> IV 비지니스를 위한 서신

---

représentant(m.) 영업사원, 세일즈맨   aimable accueil 따뜻한 접대   s'ensuivre   뒤를 이어 일어나다   livrer 배달하다, 인도하다   débiter 공급하다. 팔다. 기입하다.   en cas de retour 반품시에   en bon état 좋은 상태로

## 4 해외 주문 (1)

---

Cher Monsieur,
귀하,


Mon collègue, Monsieur Barbeau, et moi avons eu le plaisir de vous rencontrer à Francfort, à l'occasion de la Foire Mondiale du Livre. Nous avons relevé quelques titres dans votre collection de romans canadiens que nous aimerions commander pour nos librairies à Paris et en province. Vous en trouverez la liste ci-joint.

저의 동료인 바르보 씨와 저는 귀하를 프랑크루트 세계 도서전에서 만나게 되어 기뻤습니다. 우리는 귀사의 캐나다 소설 목록에서 파리와 지방의 우리 서점들을 위해 주문할 제목들을 선택했습니다. 그 리스트는 여기 동봉합니다.

Nous apprécierions une livraison par avion de Montréal, dans les quatre semaines qui suivent. Nous ferons domicilier votre facture, quand nous la recevrons, auprès de la Société Générale, notre banque à Paris, et vous ferons parvenir la formule D3 pour la douane. Nous effectuerons notre paiement en devises canadiennes, par virement bancaire qui vous sera expédié au reçu de votre lettre de transport aérien.

4주일 안에 몬트리올에서 항공편으로 보내주시면 고맙겠습니다. 우리가 귀하의 송장을 받게 되면 우리의 파리에 있는 거래 은행 소시에테 제네랄 은행으로 거래처를 정해드리고 세관을 위한 D3 양식을 보내드리겠습니다. 귀하의 항공운송장을 받는 대로 은행 이체를 통해 캐나다 통화로 지불할 것입니다.

 Veuillez recevoir, cher Monsieur, l'expression de nos sentiments les plus cordiaux.
진실된 우리의 감정을 전합니다.

Jean Paul Laurier
Directeur des ventes

장 폴 로리에

---

Francfort 독일의 프랑크푸르트  foire (f.) 정기적인 장(場), 전시회  relever 지적하다  livraison (f.) 인도, 배달  facture(f.) 송장, 계산서  virement bancaire 은행이체  formule (f.) 양식

## 5 해외 주문 (2)

Monsieur,
귀하

Nous avons l'honneur de vous passer commande, pour notre usine de
Trois-Rivières, de:
20 micro-ordinateurs Micral série 80
20 logiciels PROLOGUE
aux prix cités dans votre du 1/6/2024

우리의 트루아-리비에르 공장을 위해 다음과 같이 주문하게 된 것을 영광으로 생각합니다.
미크랄 시리즈 80 마이크로 컴퓨터 20
프롤로그 소프트웨어 20
을 귀하의 2024년 6월 1일자 서신에 기재된 가격으로 주문합니다.

Nous les avons choisis pour leurs qualités de gestion de fichiers et
d'accès multicritères.

우리는 파일 관리와 멀티크리테리아 접속 능력에 따라 선택했습니다.

Dès que vous aurez fait établir la formule D6 de douane, et que nous
en aurons reçu un exemplaire, nous vous adresserons notre paiement en
dollars canadiens. Vous pourrez les vendre sur le marché des changes à

un taux qui se trouve plus avantageux en ce monent.

귀사에서 D6 세관 양식을 작성하고 우리가 그 1부를 접수하자마자 캐나다 달러로 결제하겠습니다. 지금 유리한 환율로 외환시장에서 매각하실 수 있을 것입니다.

Veuillez recevoir, Monsieur, l'expression de nos salutations distinguées.
각별한 우리의 인사를 전합니다.

Martine Lherbier
마르틴 레르비에

---

passer commande 주문하다 micro-ordinateur 마이크로 컴퓨터 série(f.) 시리즈 logiciel (m.) 소프트웨어 citer 기재하다. 인용하다 gestion (f.) 관리, 경영 fichier(m.) 파일 accès (m.) 접속, 접근 multicrière(m.) 멀티크리테리아 adresser paiement 지불하다 marché des changers 외환시장

## 6 부분적인 주문의 철회

---

Madame,
부인,

Vous avez bien voulu nous commander, le mois dernier, 30 mètres de velours côtelé gris et 50 mètres de toile de jean. Nous pourrons vous livrer la tolie de jean dans les

## IV 비지니스를 위한 서신

délais que vous demandez. Malheureusement, nous sommes au regret de vous faire savoir que notre stock actuel de velours côtelé gris ne sera pas suffisant pour couvrir toutes les commandes que nous avons reçues récemment. Nous sommes, comme vous pouvez l'apprécier, dans l'obligation de servir les commandes reçues avant la vôtre.

귀하께서는 지난달에 회색 코르텐 30미터와 청바지 천 50미터를 주문하셨습니다. 청바지 천은 귀하께서 주문하신 기한에 전달할 수 있습니다. 불행하게도 지금 우리들의 회색 코르텐 재고량은 최근에 우리가 접수한 주문을 충당하기에 부족합니다. 귀하께서도 그 중요함을 아시겠지만 우리는 귀하보다 먼저 한 주문들을 처리해야만 합니다.

Comme il ne nous est pas possible en ce moment de prévoir si nos stocks seront réapprovisionnés avant le début de la saison prochaine, nous comprendrons que vous ne vouliez pas attendre et que vous annuliez votre commande.

우리들의 재고량이 다음 시즌 시작 이전에 다시 갖추어질지 우리는 예측할 수 없어서 귀하께서 기다리지 않고 주문을 취소하시더라도 이해하겠습니다.

Veuillez nous excuser de ce retard anormal. Nous osons espérer que ce contretemps ne nous privera pas de votre clientèle à l'avenir.

이 같은 비정상적인 지연에 대해 용서를 구합니다. 예기치 않은 사태가 귀하의 미래 고객을 빼앗는 일이 없기를 감히 기대합니다.

Nous vous prions de recevoir, Madame, l'expression de nos sentiments empressés.

우리들의 성급한 인사를 드립니다.

Chef du service des ventes
Gabriel Druot
영업 부장
가브리엘 드뤼오

---

velours côtelé (m.) 코르덴  toile de jean (f.)청바지 천  être au regret 유감으로 여기다  stock (m.) 재고품, 재고량  prévoir 예측하다  réapprovisionner 재보급하다  annuler 취소하다  anormal 비정상적인  contretemps (m.) 예기치 않은 사태  clientèle(f.) 고객들(집합적)

# 9. 항의를 하는 서신

## 1. 배송 지연에 대한 불만 표명

Monsieur,
귀하,

Je vous ai commandé, il y a déjà six semaines, 1000kg de café, qualité extra, à 30 euros le kilo, C.A.F. Bordeaux. Or, je n'ai encore rien reçu.

저는 6주 전에 커피 1천 킬로그램, 엑스트라 급(級)으로 킬로그램당 30유로로 보르도까지 CIF(운임 보험 포함가격)로 주문했습니다. 그런데 전혀 받지 못했습니다.

Les conséquences, pour moi, sont désastreuses, car mes stocks sont épuisés, et j'ai déjà perdu de nombreuses commandes. Si, pour des raisons indépendantes de votre volonté, vous ne pouvez procéder à cette livraison dans les délais les plus rapides, je me verrai obligé, à mon grand regret, d'annuler la commande.

재고는 바닥이 났고 수많은 주문을 잃어버리는 등 그에 따른 결과는 저에게 참담합니다. 귀하의 의지로 통제할 수 없는 이유로 가장 빠른 시일 내에 배달할 수 없다면, 크게 유감스럽게도 나는 주문을 취소할 수밖에 없습니다.

Je vous présente, Monsieur, mes salutations distinguées.
각별한 인사를 전합니다.


Marc Fournier
마르크 푸르니에

---

qualité extra 최고급의　C.A.F 보험 운임 포함가격(coût. assurance. frêt) 영문으로는 C.I.F(cost. insurance. freight) conséquence(f.) 그에 따른 결과　désastreux,se 매우 나쁜, 참담한　épuisé 품절된　indépendant de votre volovté 당신이 통제할 수 없는　dans les délais ~기간 안에

## 2 발송자의 답장

Monsieur,
귀하,

En réponse à votre lettre en date du 5 mars courant, nous regrettons vivement de n'avoir pu vous expédier en temps utile les marchandises qui ont fait l'objet de votre commande du 15 janvier.

3월 5일자 귀하의 서신에 대해 답하며, 지난 1월 15일에 주문하신 상품들을 적절한 시기에 발송하지 못해 깊이 유감으로 생각하고 있습니다.

La faute en incombe aux grèves partielles des docks à Bordeaux, qui viennent, du reste, de se terminer hier. Votre chargement est sans doute maintenant en route vers votre entrepôt.

이 사고는 보르도 부두의 부분적인 파업에 기인한 것이었으나 어제 막 끝나게 되었습니다. 귀하에 대한 선적물은 아마도 지금 창고를 향해 가고 있을 것입니다.
En vous souhaitant bonne réception, nous vous prions de croire, Monsieur, à nos sentiments bien dévoués.
잘 접수하시기 바라며, 우리들의 헌신적인 감정을 전합니다.

D. Berthier
D. 베르티에

---

en réponse à ~에 대한 답장으로 ~ courant 현재의 expédier 발송하다 en temps utile 좋은 때에, 적시에 faute (f.) 과실 incomber à ~의 책임이 되다 dock(m.) 부두,도크 grève partielle (f.) 부분적인 파업 chargement(m.) 적재물, 화물 en route 운송중인 entrepôt(m.) 창고

## 3 주문 내용과 다른 배송에 대한 항의

Madame,
부인,

J'avais commandé il y a un mois, aux Trois Suisses, plusieurs articles

dont vous trouverez la liste sur la copie de mon bon de commande ci-joint.
Or, j'ai reçu hier un paquet de tous les articles mentionnés, à l'exception de la couverture de laine (cat. No 92356.)

저는 1개월전에 트루아 스위스사(社)에 몇 가지 상품을 주문했고, 그 주문목록 사본을 동봉합니다. 그런데, 어제 언급한 모든 상품을 받았지만 양모 이불(카탈로그 번호 92356)이 빠져 있었습니다.

J'ai tenu à vous signaler aussitôt que possible que cet article manquait. Si vos stocks sont épuisés, veuillez bien me le faire savoir, pour que je puisse me procurer cette couverture ailleurs. S'il s'agit seulement d'un délai de huit à dix jours, je veux bien attendre, mais s'il s'agit d'une erreur, je vous serais reconnaissante de la corriger dans les plus brefs délais.

저는 이 상품이 누락 되었다는 사실을 가능한 한 빨리 귀하에게 알려야 했습니다. 귀사의 재고가 품절 되었다면 다른 곳에서 이 상품을 구입할 수 있도록 알려주시기 바랍니다. 발송이 8일에서 10일 안에 이뤄진다면 기다릴 수도 있으며 실수에 따른 것이라면 가능한 한 조속한 시일 내에 수정해주면 고맙겠습니다.

Avec mes remerciements anticipés, je vous prie de recevoir, Madame, mes sentiments distingués.

미리 감사드리며 각별한 인사를 드리는 바입니다.

P.J.1
동봉서류 (pièce jointe)

Jacqueline Moreau
자크린느 모로

---

bon de commande (m.) 주문서  ci-joint 동봉한  paquet (m.) 소포  à l'exception de ~를 제외한  couverture (f.) 이불, 담요  se procurer 구입하다  ailleurs 다른곳에서  je vous serais reconnaissant de ~하면 고맙겠습니다.  anticipé 미리하는  P.J 동봉서류 (pièce jointe)

## 4 통신 판매 회사 (Les Trois Suisses) 측의 답장

Madame,
부인,

Nous sommes désolés de l'erreur qui s'est glissée dans l'envoi de votre paquet des Trois Suisses, comme vous nous l'avez fait remarquer dans votre lettre du 17 mai courant.

귀하께서 5월 17일 자 서신에서 지적했던 것처럼 트루아 스위스 사(社)의 소포 발송에 실수가 발생한 것을 유감으로 생각합니다.

Nous nous empressons de rectifier cet oubli et vous adresserons dès demain la couverture que vous aviez commandée.

이 같은 누락을 서둘러 시정하고 내일 바로 주문하신 이불을 보내드리겠습니다.

Avec nos sincères excuses, veuillez agréer, Madame, l'expression de nos sentiments bien dévoués.

우리들의 신실한 사과와 함께 헌신적인 감정을 전합니다.

Marie-Claude DUBET
마리-클로드 뒤베

---

se glisser 미끄러지듯이 들어가다  faire remarquer 지적해주다  s'enpresser 서둘러 ~하다
rectifier 바로잡다, 정정하다

## 4 분실된 상품 요청

Monsieur,
귀하,

Votre compagnie de navigation s'est chargée d'une expédition de 25 caisses de bonbons acidulés de la Société CANDYSWEET Ltd. de Londres, qui nous a confirmé cet envoi, il y a deux jours, à notre entrepôt. Or, nous venons d'apprendre par télex qu'un total de 20 caisses seulement sont arrivées à notre entrepôt dans le port du Havre.

귀 해운회사는 런던의 캔디 스위트 사(社)의 새콤한 맛 사탕 25박스의 발송을 책임지고 있는데, 캔디 스위트 사는 2일 전에 우리 창고로 발송한 사실을 우리에게 확인했습니다. 그리고 텔렉스를 통해 단지 20박스만이 르아브르 항에 있는 우리 창고에 도착했다는 것도 알게 되었습니다.

Veuillez bien faire une enquête sur la disparition des 5 caisses qui manquent à l'expédition, et nous faire savoir ce que vous entendez faire pour rectifier la situation. Le connaissement No 18 et la Police d'assurance No 442 603 accompagnaient l'expédition du 14 courant d'un total de 25 caisses de bonbons, pour un montant de 150 livres sterling.

운송에서 누락된 5개의 상자에 대한 조사를 바라며, 이 같은 상황을 시정하기 위해 귀사가 모색하는 바를 알려주시기 바랍니다.
선하(船荷)증권 번호 18 보험증권 번호 442603번이 사탕 25상자의 이달 14일 자 총액 150 파운드 규모 발송에 수반되었습니다.

Dans l'espoir de vous lire très bientôt, recevez, Monsieur le Directeur, nos sincères salutations.

조속하게 이 내용을 읽기 바라며, 진지한 인사를 받기 바랍니다.

M. Rousselon
M. 루슬롱

compagnie de navigation(f.) 해운회사  chargé de  ...을 맡고 있는  acidulé 새콤한 맛이 나는  entrepôt (m.) 창고  faire une enquête 조사하다  manquer à l'expédition 운송에서 누락되다  entendre faire  ~하도록 의도하다  connaissement(m.) 선하(船荷)증권  police d'assurance(f.) 보험증권  pour un montant de  총액 ...의  livre sterling (f.) 영국 화폐 파운드

## 6 해운회사의 답장

Monsieur,
귀하,

Nous avons appris avec regret le cas de vos caisses manquantes de bonbons acidulés, et nous avons immédiatement fait faire des recherches pour les retrouver.

유감스럽게도 귀하의 새콤한 맛이 나는 사탕 상자들이 누락되었다는 것을 알고 우리는 그것들을 찾기 위해 바로 조사를 했습니다.

Nous avons donc le plaisir de vous faire savoir que nos services d'inspection les ont découvertes sur un de nos docks. Elles avaient été séparées par erreur du reste de l'expédition. Elles seront délivrées demain à l'aube à votre entrepôt, avenue du Port, Le Havre.

다행히 우리 조사부는 부두 가운데 한 곳에서 그것들을 찾을 수 있었습니다. 그것들은 실수로 인해 다른 발송물들로부터 떨어져 있었습니다. 이 상자들은 내일 새벽에 바로 르아브르 시(市) 포르 로(路)에 있는 귀하의 창고에 인도될 것입니다.

Avec toutes nos excuses pour cette malencontreuse erreur, nous vous prions d'agréer, Monsieur, l'assurance de notre considération distinguée.

이 불운한 실책에 대해 정중하게 사과하며, 각별한 배려의 뜻을 전합니다.

G. C. Mazot
G. C. 마조

---

avec regret 유감스럽게도  manquant(e) 누락된, 제외된  faire des recherches 조사하다  avoir le plaisir de ... 를 기쁘게 생각하다  service d'inspection 조사, 감찰부(部)  à l'aube 새벽에  malencontreux,se 불운한, 공교로운

# 10 결제

## 1 결제 요청

40, Main Ave.
NORWALK, CT 06854

Mademoiselle et chère Sociétaire,
회원님께,

Je vous serais très obligé de bien vouloir me couvrir des quittances ci-après que je détiens pour votre compte soit par versement à mon C.C.P. DIJON 681-73 P, soit par tout autre moyen à votre convenance:

귀하의 계좌에 관한 청구서에 대해 저의 디종 우편계좌 681-73 P에 불입하거나 그렇지 않으면 다른 편한 방법으로 결제해 주시면 고맙겠습니다.

Incendie - Police en date du 27.06.2024
Quittance du 27.06._au 27.06._...................276,63 euros
Quittance du 27.06._au 27.06_....................300,97 euros
total  577, 60 euros

화재보험 2024년 6월 27일

청구서　...　276.63 유로

청구서　...　300.97 유로

합계 577.60 유로

En vous remerciant à l'avance, je vous prie de croire, Mademoiselle et chère Sociétaire, à l'assurance de mes sentiments dévoués et les meilleurs.
미리 감사 드리며, 저의 헌신적이며 최상의 감정을 전하는 바입니다.

A. Boursot
A. 부르소

---

quittance (f.) 영수증, 청구서   soit ... soit ~든지 ~든지   CCP 우편 대체 예금 계좌 (compte chèque postale, compte courant postal)   incendie-police 화재 보험 증권   sociétaire 회원, 가입자

## 2 해외로 발송하는 송장

Cher Monsieur,
귀하,

Nous avons l'honneur de vous envoyer ci-joint notre facture No 789, pour les romans canadiens que vous nous avez commandés il y a trois semaines.

Nous apprécierons votre paiement en dollars canadiens, par l'intermédiaire de la Société Générale, Services Etrangers et Outre-Mer, à notre banque, la Banque de Montréal.

3주일 전에 귀하가 주문하신 캐나다 소설들에 대한 계산서(번호 789)를 여기 동봉하게 된 것을 기쁘게 생각합니다. 소시에테 제네랄 은행 외국 및 해외영토 담당 부서를 중개역으로 하여 우리의 거래 은행인 몬트리얼 은행에 캐나다 달러로 결제해 주시면 고맙겠습니다.

Je suis heureux de vous avoir rencontrés, vous et Monsieur Barbeau, à Francfort, et d'avoir pu faire des affaires avec vous. Espérant pouvoir vous rendre service à nouveau dans l'avenir, je vous prie de recevoir, cher Mousieur, mes sentiments les plus cordiaux.

저는 귀하와 바르보 씨를 프랑크푸르트에서 만나고 거래할 수 있게 되어 기쁩니다. 장차 다시 한번 도와드릴 수 있기를 바라며 저의 가장 우정어린 마음을 받아 주시기 바랍니다.

Jean Luc Levesque
장 뤽 레베크

P.J.1
(pièce jointe 동봉서류 1 통)

| IV 비지니스를 위한 서신 |

avoir l'honneur de ~을 영광으로 여기다  ci-joint 동봉한   doller canadien 캐나다 달러  par intermédiaire de ~를 매개로 하여  outre-mer 해외영토  faire des affaires avec ~와 거래하다  à nouveau 다시  cordial(e),aux 진심의, 간곡한

## 3 수표로 결제

Monsieur,
귀하,

En règlement de votre facture du 6 octobre, je vous envoie ci-inclus un chèque de 577,60 euros sur la Banque Nationale de Paris.

귀하의 10월 6일자 계산서에 대한 결제로 동봉하는 파리국립은행 수표 577.60 유로를 보내드립니다.

Veuillez m'en accuser réception et me retourner votre relevé de compte acquitté.
수표를 받으면 알려주시고 결제 계좌 영수증을 보내주십시오,

Recevez, Monsieur, mes salutations distinguées.
각별한 저의 인사를 받아주십시오.

Marie Dufresne
마리 뒤 프렌

P.J.1

(pièce jointe 동봉서류 1통)

---

en réglement de ~의 결제로  factune(f.) 계산서,송장  accuser 알려주다  relevé de compte 계좌 확인서  acquitté 영수된

---

## 4 수신 확인

Mademoiselle,
귀하 (여성 분에게),

Nous vous accusons réception de votre lettre du 10 octobre du chèque de 577,60 euros qui l'accompagnait, en règlement de notre facture du 6 octobre et pour solde de votre compte. Vons trouverez ci-inclus notre relevé acquitté.

우리는 귀하의 10월 10일 자 서신과 함께 온 수표 577.60 유로를, 10월 6일 자 우리들의 계산서에 대한 결제로 귀하의 계좌에서 인출했음을 알려드립니다. 우리들의 영수증을 동봉합니다.

Avec nos remerciements, veuillez agréer, Mademoiselle, l'expression de nos sentiments les plus distingués.

우리들의 감사의 뜻과 함께 각별한 인사를 전하는 바입니다.

IV 비지니스를 위한 서신

P. Gironde
P. 지롱드

P.J.1
(pièce jointe 동봉서류 1통)

---

accuser réception 접수 사실을 확인해주다  accompagner 함께 보내다  solde (m.) 대차(貸借)의 차액, 지불  ci-inclus 동봉한  relevé acquitté 영수증

## 5 지불 연체 통보

Monsieur et cher client,
고객님께

　Nous avons remarqué, en balançant nos écritures, que votre compte présentait un solde débiteur de 10.500 euros, qui représente le montant de votre facture de 15 décembre dernier.

우리는 지난 문건들을 대조해보다가 귀하의 계좌는 미불금 1만 5백 유로가 부채로 기록하고 있고 그것은 지난 12월 15일 계산서의 총액을 나타낸다는 사실을 알게되었습니다.

프랑스어 e메일 ··· **237**

Nos conditions de paiement étant de 30 jours 3% ou 90 jours net, nous avons annulé l'escompte. Nous sommes surpris de n'avoir pas encore reçu votre règlement, mais nous nous contenterons cette fois-ci de vous demander instamment de nous régler avant le 1er avril.

우리들의 지불 조건은 30일에 3퍼센트, 90일에는 할인이 없는 정액으로 우리는 할인은 취소했습니다. 우리는 귀하의 결제가 미결 상태라는 것에 대해 놀랐으며 4월 1일 이전까지는 결제하도록 이번에는 계속해서 요구할 것입니다.

Dans cette attente, nous vous prions, Monsieur, de recevoir nos salutations les meilleures.

귀하의 조치를 기다리며, 정중한 인사를 드립니다.

Paul Magot
폴 마고

---

remarquer 지적하다 balancer 대조해보다, 저울질하다 écriture (f.) 물건, 기록자료 prix net 정가 solde débiteur(m.) 부채 montant(m.) 총액 condition de paiement 지불조건 escompte(m.) 할인 se contenter ~하는 것으로 만족해하다 instamment 지속적으로

# 11 텔렉스와 전보

## 1 텔렉스 : 주문의 변경

ATTENTION : MME J. LAPORTE

REF : NOTRE COMMANDE DU 17 COURANT.

수신: 라포르트 부인
참조: 17일자 주문

AVONS COMMANDE 100 POSTES DE TELEVISION EN COULEURS ET 20 POSTES EN NOIR ET BLANC, MODELE COURANT. PEFERENCE TEL./PH/45. CHANGEMENT DE LA DEMANDE NOUS FORCE A DEMANDER MODIFICATION DE LA COMMANDE. NOUVELLE COMMANDE : 80 POSTES EN COULEURS ET 40 POSTES EN NOIR ET BLANC. VOUS PRIONS DE CONFIRMER LA MODIFICATION DE COMMANDE. REPONSE URGENTE. SALUTATIONS.

C. JOUBERT
C. 주베르

우리는 Tel./ph/45 자료의 표준 모델 칼라TV 100대와 흑백 TV 20대를 주문했었습니다. 수요의 변경으로 인해 주문 내용을 변경하게 되었습니다. 새 주문 내용은 칼라 TV 80대와 흑백 TV 40대입니다. 주문 내용 변경을 확인해 주십시오. 긴급한 회답을 요망합니다. 인사드립니다.

주베르

---

17 courant 이달 17일  poste de télévision  TV 수상기  modèle courant  스탠다드 모델  demande(f.) 수요, 요청  modification de la commande(f.) 주문의 변경  réponse urgente  긴급히 회답 요망

---

## 2 주문 변경에 대한 답신

ATTENTION : C. JOUBERT
REF : VOTRE TELEX DE CE JOUR CONCERNANT VOTRE COMMANDE DU 17 COURANT.

수신: C. 주베르
참조: 이달 17일 자 귀하의 주문에 관한 오늘 자 귀하의 텔렉스

NOUS REGRETTONS DE NE PAS POUVOIR ACCEPTER LA MODIFICATION QUE VOUS DEMANDEZ. NOUS AVONS COMMENCE LA FABRICATION DES 100 POSTES EN COULEURS.

IV 비지니스를 위한 서신

NOUS POUVONS DELIVRER 40 POSTES EN NOIR ET BLANC DANS LES DELAIS PREVUS. REPONSE URGENTE. SALUTATIONS.

우리는 귀하가 요청한 주문의 변경을 수용할 수 없다는 것을 유감으로 생각합니다. 우리는 칼라 TV 100대의 생산을 시작했습니다. 흑백 TV 40대는 예정된 기일에 인도할 수 있습니다. 긴급히 답해주십시오. 인사를 드립니다.

J. LAPORTE
J. 라포르트

de ce jour 오늘 자의   concernant ~에 관계된   fabrication(f.) 제조, 제작   délivrer 인도하다. 전달하다

## 3 전보 : 고위인사의 도착

S.A. TOUVABIEN 149 RUE DES CANUTS 69008 LYON
투바비엥 주식회사 리옹 69008 카뉘 가(街) 149번지

ARRIVE LYON PAR T.G.V. MARDI 15 H 30 PRIERE ENVOYER VOITURE ET CHAUFFEUR AURAI BESOIN CHAMBRE HOTEL SOFITEL PRES BUREAUX J.-M. DESMOULINS P.-D.G.

Traduction:

J'arrive à Lyon par le T.G.V., mardi à 15h.30. Prière d'envoyer une voiture et un chauffeur. J'aurai besoin d'une chambre à l'hôtel Sofitel près des bureaux. Signature: J.-M. Desmoulins, P.-D.G.

번역 : 본인은 고속전철(TGV)편으로 화요일 오후 3시 30분 리옹 시(市)에 도착합니다. 승용차와 운전기사를 보내기 바랍니다. 사무실 부근 수피텔 호텔에 객실이 필요합니다.

서명 : J.M. 데물랭 회장

---

S.A 주식회사 (société anonyme)  par le T.G.V 고속전철편으로 prière de ~해주면 좋겠습니다. P.D.G 회장(président direteur général)

## 4 긴급 샘플 발송 요청

S.A. TOUVABIEN 29 RUE DES ANGES 75005 PARIS

PRIERE ENVOYER DE TOUTE URGENCE NOUVEAUX ECHAN-TILLONS A SUCCURSALE LYON ANALYSES NECESSAIRES AVANT VENTE A L'ETRANGER S.A. TOUVABIEN LYON

Traduction:

## IV 비지니스를 위한 서신

Prière d'envoyer de toute urgence les nouveaux échantillons à la Succursale de Lyon. Des analyses sont nécessaires avant la vente à l'étranger.
S.A. Touvabien Lyon

번역 : 긴급히 새로운 샘플들을 리옹 지사로 보내주기 바랍니다. 해외 판매 이전에 분석이 필요합니다.
리옹 투바비엥 주식회사

---

S.A 주식회사 (société anonyme)　prière de　~해주기 바랍니다.　de toute urgence 긴급하게
échantillon(m.) 샘플　analyse (f.) 분석　vente à l'étranger 수출

## 5 주문의 취소

REGRETTONS DEVOIR ANNULER COMMANDE DU 4.08 VOUS DEMANDONS DELAI DE DEUX SEMAINES LETTRE SUIT J.-M. DESMOULINS S.A. TOUVABINE

Traduction:

Nous regrettons de devoir annuler votre commande du 4 août. Nous vous demandons un délai de deux semaines. Une lettre suit. J.-M. Desmoulins S.A. Touvabien

우리는 귀사에 한 8월 4일 자 주문을 취소해야만 하는 것을 유감으로 생각합니다. 귀사에 2주일간의 기한을 요청합니다. 서신을 보내드리겠습니다.
J.M 데물랭

투바비앵 주식회사

---

annuler 취소하다  un délai de ~기한의  une lettre suit 서신이 후속으로 발송됩니다.

# V
## 학교 관련 서신

프랑스어 e메일

# V. 학교 관련 서신

## 1. 시험 통과 축하

Mon cher Christophe,

Te voilà donc bachelier ! Tu dois être content et te sentir soulagé ! Je te félicite, car ce n'était pas un examen facile cette année, d'après ce que j'ai entendu dire. Comment s'est passé l'oral? Est-ce que les professeurs étaient durs?

J'espère que tu me raconteras tout ça quand on se verra à Paris. C'est toujours d'accord, n'est-ce pas? Le 14 juillet ? Jean et Henri-Michel y sont déjà. On va bien s'amuser !

Pour le moment, je suis en vacances chez une tante près d'ici. Ma première année de fac s'est assez bien terminée. L'université est assez calme. On chahute bien les profs de temps en temps, mais il n'y a pas de manifs.

A binetôt,

Ton vieux copain,

Jean-Claude

정다운 크리스토프에게,

    드디어 너는 대학입학 자격시험을 통과했구나. 기분이 좋고 후련하겠다. 내가 들은 바로는 금년 시험이 쉽지 않았다고 하니, 너에게 축하를 보낸다. 구두시험은 어떻게 진행되었니? 선생님들은 까다로왔니?
    우리가 파리에서 만날 때 너는 내게 이 모든 것에 대해 이야기 해주면 좋겠다. 늘 동의하지, 그렇지? 7월14일 혁명기념일? 장과 앙리-미셸은 이미 그곳에 와 있다. 우리는 즐겁게 놀 것이다.
    당분간, 가까운 곳에 사시는 아주머니댁에서 휴가를 보내고 있다. 대학에서의 첫 해는 잘 끝났다. 대학교는 매우 조용하다. 우리는 이따금 교수님들께 대들기는 하지만, 시위는 없다.

    곧 만나자.
    너의 오랜 친구

    장 클로드

---

**Te voilà donc bachelier !** 이젠 네가 대학입학 자격시험을 통과했구나  se sentir **soulagé** 짐을 벗었다고 느끼다  d'après ce que j'ai entendu dire 내가 들은 바에 의하면  Comment s'est passé...? ..는 어땠니?  dur 힘든, 까다로운  pour le moment 당분간  **chahuter** 대들다, 시끄럽게 하다  **manif** f. 시위  manifestation의 줄임 말

## 2 친구의 합격 축하

Ma chère Marie-Hélène,

Je viens d'apprendre que tu as passé le concours de Sciences-Po avec succès. Je t'en félicite! Je sais que ce n'est pas facile d'entrer dans cette Grande Ecole. Tu as dû travailler dur pendant l'été.
Et voilà la rentrée qui est déjà là !

Je retourne demain à Besançon, après avoir passé un mois sur la Côte d'Azur. J'aime bien les études d'anglais et de russe que je fais à l'université de Besançon. Le lab est bien équipé et je rencontre des gens d'un peu partout dans le monde.
J'espère que tu me donneras bientôt de tes nouvelles et que tu me diras quels sont tes projets d'avenir. Travaille bien à Sciences-Po, mais pas trop!

Je t'embrasse bien
affectueusement,

Pierre

정다운 나의 마리-엘렌에게

네가 시앙스 포 (국립정치학교) 입학시험을 성공리에 통과했다는 소식을 방금 들었다. 합격을 축하한다. 이 그랑제콜에 입학하는 것이 쉽지 않다는 것을 나는 알고 있다. 여름에 열심히 공부했겠구나.

그런데 벌써 개학이다. 코트 다쥐르에서 한 달을 보내고 나서 내일 브장송으로 돌아간다. 나는 브장송대학교에서 공부하는 영어와 러시아어 공부를 아주 좋아한다. 어학실습실은 시설이 아주 잘 되어있고 그곳에서 나는 전 세계 곳곳의 사람들을 만난다.

네가 곧 소식을 전해주기 바라며 너의 미래 계획은 무엇인지도 내게 말해주면 좋겠다.

시앙스 포에서 공부 열심히 해라, 지나치게 하지는 말고.


아주 다정하게 포옹하며


피에르

---

passer le concours 입학시험을 통과하다 Sciences-Po 국립정치학교 avec succès 성공적으로 Je t'en félicite ! 너에게 합격을 축하한다 Tu as dû travailler dur 너는 열심히 공부했던 것이 분명하다 la rentrée 개학 le lab 어학실습실

## 3 입학 관련 자료 요청

Monsieur ou Madame,

Je vous serais reconnaissante de bien vouloir m'envoyer un formulaire de demande d'admission préalable dans une université en France.

Je vais terminer ma deuxième année à Boston University, College of Liberal

Arts, le printemps prochain, et désire entrer dans une université française pour parfaire mes connaissances en littérature française.

Veuillez bien envoyer ce formulaire à l'adresse suivante:

Pearl Smith
102 Massachusetts Avenue
Boston, Mass. 02106

Avec mes remerciements anticipés, veuillez agréer, Monsieur ou Madame, l'expression de mes sentiments distingués.

Pearl Smith

---

귀하,

프랑스 대학의 사전(事前) 입학 허가서 신청 양식을 보내주시면 고맙겠습니다.

저는 오는 봄에 보스톤 대학교 인문대학에서 2학년을 마치게 되며, 프랑스 문학에 대한 지식을 더욱 완전하게 다지기 위해 프랑스 대학에 입학하기를 바랍니다.

신청 양식을 아래 주소로 보내주셨으면 합니다.

Pearl Smith
102 Massachusetts Avenue

Boston, Mass. 02106

미리 감사 드립니다. 각별한 사의를 보내드리는 바입니다.

펄 스미스

---

Je vous serais reconnaissant(e) de ... 해주시면 고맙겠습니다  formulaire (m.) 신청 양식  demande d'admission préalable  사전 입학허가 요청  parfaire 완전하게 하다   à l'adresse suivante 다음 주소로  Avec mes remerciements anticipés 미리 감사를 드리며 ,  mes sentiments distingués 각별한 저의 인사를 .

## 4 신청양식 요청에 대한 답장

Mademoiselle,

Nous vous envoyons ci-joint un formulaire de demande d'admission préalable dans une université en France.

Veuillez nous renvoyer  ce formulaire dûment rempli avant le 1er février, et avec les pièces suivantes:

 - une photocopie de la traduction des notes que vous avez obtenues dans votre université au cour des deux dernières années.
  - un acte de naissance avec sa traduction en français
  - 5 coupons-réponses internationaux

- 2 enveloppes portant l'adresse où vous seront adressées toutes les indications relatives à votre admission.

Rappelez-vous que vous devrez obtenir un permis de séjour d'un minimum d'un an.

En vous souhaitant bonne réception de la pièce jointe, nous vous prions de recevoir, Mademoiselle, nos meilleurs voeux de réussite.

Simon
Ambassade de France
Services culturels

p.j. demande d'admission
    préalable à l'université


귀하,

프랑스 대학 한 곳의 사전 입학 허가 신청 양식을 동봉해, 여기 보내드립니다.

2월 1일 이전에 이 양식을 완전하게 작성해서 아래 자료들을 첨부해 다시 보내 주시기 바랍니다.
 - 지난 2년간 대학에서 취득한 성적표 번역문 사본
 - 출생증명서의 프랑스어 번역문
 - 국제 반신 우표 5매

- 당신의 입학허가서와 관련해 당신이 수취할 수 있는 주소가 적힌 봉투 2매

당신은 최소 1년간 체류허가를 받아야 한다는 것을 상기시켜드립니다.

동봉한 자료를 잘 받으셨기 바라며 당신의 성공을 기원합니다.

시몽
프랑스 대사관
문화과

동봉서류 : 대학 사전 입학허가 신청서

---

ci-joint 동봉한 Veuillez nous renvoyer 우리에게 다시 보내주시기 바랍니다 dûment 지시한 방식대로, 완전하게 rempli 가득 채운 au cours de ...동안 un acte de naissance 출생증명서 avec sa traduction en français 프랑스어 번역문과 함께 coupon-réponse international (m.) 국제 반신우표 un permis de séjour 체류허가 p.j (pièce jointe) 동봉 nos meilleurs voeux de réussite 우리의 당신 성공에 대한 바람.

---

## 5 체류증(un permis de séjour)과 노동 허가증(un permis de travail) 발급을 위한 양식 요청

Monsieur le Préfet,
도지사님,

J'ai l'intention de passer un an en France pour me parfaire dans la langue française. J'ai déjà été admise à l'Université de Nanterre, mais il me faut un permis de séjour et un permis de travail.

저는 프랑스어를 완전하게 익히기 위해 1년간 프랑스에서 보낼 예정입니다. 저는 이미 낭테르 대학교에서 입학 허가를 받았지만, 체류증과 노동 허가증이 필요합니다.

Je vous demanderai donc de bien vouloir m'envoyer les formulaires nécessaires à l'adresse suivante:

Pearl Smith
102 Massachusetts Avenue
Boston, Mass. 02106

그래서 저는 아래 주소로 필요한 양식을 보내주시기를 부탁합니다.

펄 스미스
매사추세츠 로(路) 102번지
매사추세츠 주(州) 보스톤 시(市) 02106

Veuillez recevoir, Monsieur le Préfet, l'assurance de ma considération distinguée.

저의 각별한 감사의 뜻을 전합니다.

Pearl Smith
펄 스미스

---

préfet : l'officer le plus haut placé dans un département 프랑스 도(道)의 최고 책임자 se parfaire 완전하게 하다 admis(e) 합격한, 받아들여진 il me faut ..나에게 ..이 필요하다 un permis de séjour 체류증 un permis de travail 노동허가증 formulaire (m.) 신청 용지, 양식

## 6 전학 신청

Madame, Monsieur,

Élève en première année de classe préparatoire scientifique (PCSI), je souhaiterais intégrer votre établissement pour la rentrée prochaine en classe de Physique Chimie. En effet, l'établissement dans lequel je suis scolarisée à l'heure actuelle, s'il enseigne l'option chimie, n'offre pas la possibilité de poursuivre dans cette voie et le lycée …. me semble être le meilleur établissement où poursuivre ma formation.

## V 학교 관련 서신

과학 분야 그랑제콜 준비반 1학년 학생으로 오는 신학년부터는 물리 화학 클라스에서 학업을 계속하고 싶습니다. 그러니까 지금 소속된 학급은 화학을 선택으로 가르치는 교육으로 제가 원하는 진로를 계속할 수 없고 00 고교가 제가 학업을 계속하기 위한 최적의 학교로 보입니다.

Les disciplines scientifiques m'ayant attirée dès le plus jeune âge, j'ai choisi de m'orienter en classe préparatoire et l'enseignement qui m'y a été prodigué n'a fait que confirmer cet intérêt pour les sciences. Ma préférence s'oriente vers la chimie, discipline que j'envisage d'exercer au terme de mes études.

저는 일찍부터 과학 과목에 사로 잡혔고 과학 분야 진학 준비반으로 진로를 정하고 많은 관련 수업은 과학에 대한 나의 의지를 분명하게 했습니다.. 그리고 학업 이후에 직업으로 하기로 계획한 화학에 대해 이끌렸습니다.

(중략)

Je vous prie de croire, Madame, Monsieur, à l'expression de mes respectueuses salutations.
존경의 인사를 전합니다.

---

classe préparatoire 그랑제콜 진학 준비반 établissement (m.) 기관, 시살 physique (f.) 물리 chimie (f.) 화학 les disciplines scientifiques 과학 과목 prodiguer 헌신하다, 몸을 아끼지 않다

## 7 학력 동등 인정 신청

Madame, Monsieur,

Je suis titulaire d'une maîtrise en langue et culture françaises, obtenue (pays) en 2016. Afin de … (dites pourquoi vous en avez besoin), je souhaite obtenir une équivalence de diplôme.

저는 2016년 프랑스 언어 문화 전공으로 석사학위를 취득했습니다. ~를 할 목적으로 (필요한 이유를 밝힘) 학력 동등인정을 요청합니다.

Je joins à cette demande les documents suivants :

본 요청에 다음 자료를 첨부합니다.

Deux copies du curriculum vitae
Deux copies du diplôme pour lequel l'équivalence est demandée
Deux copies du baccalauréat de l'enseignement secondaire.
Deux copies du mémoire portant le cachet de l'établissement ayant délivré le diplôme
Un document officiel attestant que j'ai séjourné régulièrement pendant ma scolarité dans le (pays).

이력서 사본 2통
학력 동등인정을 요청하는 학위증 사본 2통

## V 학교 관련 서신

대학입학자격시험 사본 2통

학위증을 발급한 기관의 직인이 있는 논문 사본 2부

지역에서 학위기간 동안 체류했다는 것을 인정하는 공식 문서 1부

Vous remerciant par avance, je vous prie de croire, Madame, Monsieur, en l'assurance de ma considération distinguée.

미리 감사를 드리며 각별한 사의(謝意)를 드리는 바입니다.

---

titulaire (m. f.) 자격 소지자, 보유자  équivalence (f.) 동등, 같은 학력  enseignement secondaire 중등교육(고등학교까지)

## 8 호텔 연수 신청

Madame, monsieur,
귀하

J'ai .... ans, et je cherche actuellement un stage de ... jours dans un établissement hôtelier, soit à la réception, soit au service commercial ou marketing. Je suis actuellement élève en 1ère (option gestion hôtelière) au lycée de .... Le stage que je dois trouver, à ce stade de mes études doit pouvoir me familiariser avec le contact client et les aspects promotionnels de la profession.

저는 00 세이며 00일간 호텔 분야 연수를 희망하고 있으며 리셉션, 상업 서비스 또는 마케팅 분야를 찾고 있습니다. 제가 찾는 연수에서 고객과의 접촉과 직업상의 성장을 희망하고 있습니다.

J'ai déjà travaillé dans l'hôtellerie, mais seulement en salle et en cuisine. Une telle mise en situation m'a certes été profitable, mais j'ai besoin à présent d'être confrontée aux environnements qui seront les miens si je dois démarrer ma vie professionnelle dans ce métier et y évoluer par la suite.

저는 호텔 분야에서 근무했지만 홀과 주방에서만 일했습니다. 그것도 분명히 유용한 것이었지만 이 직업에서 더욱 성장하고 장래를 위해서는 더 나은 환경을 필요로 합니다.

J'espère que vous pourrez réserver un accueil favorable à cette demande ou, à défaut, m'orienter vers des confrères du même secteur.

이 요청을 받아들여주실 것을 희망하며 그렇지 않을 경우 계통의 업자나 분야를 소개해 주십시오.

Vous en remerciant par avance, je vous prie d'agréer, madame, monsieur, l'expression de ma considération distinguée.
미리 감사드리며 각별한 인사를 드립니다.

---

soit ... soit ~ 든지 ~ 든지 gestion hôtelière (f.) 호텔경영학 se familiariser 친근해지다 à défaut 그렇지 않을 경우

## 9 거주지 확인서

Je soussigné, 아래 서명한

(Nom) (Prénom), demeurant (adresse), 다음 주소에 사는 성 · 이름 ~는

certifie que 확인하기를

(Nom) (Prénom), né(e) le (date de naissance) à (lieu de naissance) ;
성+이름 생년월일 출생지 ~는

réside actuellement à mon domicile et ce depuis le (date).
현재 ~ 이후로 다음 주소에 거주하고 있습니다.

프랑스어 e메일

# VI
## 유학·연수 관련 서식

프랑스어 e메일

# VI 유학·연수 관련 서식

## 1 어학과정 안내자료 요청

Monsieur le Directeur
Cours de Civilisation Française de la Sorbonne
47, rue des Ecoles
75005 PARIS
F R A N C E

원장님 귀하
소르본느 프랑스문화 강좌
에콜 가(街) 47번지
75005 파리
프 랑 스

Séoul, le 15 Janvier 2024

Monsieur le Directeur,
원장님께,

Etant diplômé de l'Université de Munhwa, en Corée du Sud, et desirant étudier l'Architecture en France, je suis interessé(e) par les cours de langue française pour étrangers dispensés par votre Centre.

저는 한국의 문화대학교를 졸업하고 프랑스에서 건축 공부를 하고자 하는데, 귀 어학원의 외국인을 위한 프랑스어 강좌에 관심을 갖고 있습니다.

Je vous serais reconnaissant(e) de bien vouloir me faire parvenir des informations concernant vos programmes d'enseignement et de m'indiquer les conditions d'inscription.

귀 어학원의 교육 프로그램 및 등록 조건과 관련된 정보를 제게 보내주시면 대단히 감사하겠습니다.

En vous remerciant par avance, je vous prie d'agréer, Monsieur le Directeur, l'expression de mes sentiments distingués.

원장님의 도움에 미리 다시 한번 감사를 드리면서, 깊은 경의를 표하는 바입니다.

KIM Ki-Dong
김 기 동

(본인 서명)

P.S. : Vous trouverez ci-joint des coupons internationaux pour la réponse.
추신 : 회신을 위한 국제 반신 우표를 동봉합니다.
서울, 2024년 1월 15일

---

Etant diplômé de ~를 졸업하고 architecture (f,) 건축학 architecte 건축가 dispenser 베풀다, 나누어 주다 Je vous serais reconnaissant(e) de 고맙겠습니다. par avance 미리, 앞서서

## 2 어학과정 입학허가서 요청

Monsieur le Directeur
Cours de Civilisation Française de la Sorbonne
47, rue des Ecoles
75005 PARIS
F R A N C E
원장님 귀하
소르본느 프랑스문화 강좌
에콜 가(街) 47번지
75005 파리
프 랑 스
Séoul, le 15 Février 2024
서울, 2024년 2월 15일

---

Monsieur le Directeur,
원장님께,

Suite à votre lettre du 15 Janvier 2024, je vous serais reconnaissant(e) de bien vouloir m'inscrire au cours de français 'débutant' pour une durée de 3 mois à partir du 1er juin 2024.

2024년 1월 25일 자 귀하의 편지를 받고, 2024년 6월 1일 개강하는 3개월 코스 "초급" 프랑스어 강좌에 등록하기를 희망합니다.

Pour obtenir le visa de long séjour, je vous serais gré de me faire parvenir le plus tôt que possible un certificat d'admission précisant la date de début des cours et leur durée.

장기 비자를 위해, 개강일과 기간이 구체적으로 명시된 입학 허가서를 가능한 한 빠른 시일 내에 제게 보내주시기를 간청하는 바입니다.

En vous remerciant par avance, je vous prie d'agréer, Monsieur le Directeur, l'expression de mes sentiments distingués.
원장님의 도움에 미리 다시 한번 감사를 드리면서, 깊은 경의를 표하는 바입니다.

KIM Ki-Dong
김 기 동 (본인 서명)

---

Suite à votre lettre ~에 이어서   je vous serais reconnaissant(e) ~하면 고맙겠습니다  gré (m.) 감사, 사의(謝意)  le visa de long séjour 장기체류 비자   un certificat d'admission 입학 허가서

## 3 등록 서류 신청 (1)

Monsieur le Directeur UNIVERSITE PARIS Nanterre UFR Informatique 200 av. de la République 92000 Nanterre F R A N C E
학과장님 귀하 파리 낭테르대학교 전산학과 레퓌블뤼크 로(路) 200 프랑스

Séoul, le 15 Janvier 2024
서울, 2024년 1월 15일
Monsieur le Directeur,
학과장님께,

J'ai l'honneur de vous informer que je souhaiterais poursuivre des études de Master en 'Informatique' dans votre Université, puis par la suite postuler à un doctorat en "intelligence artificielle".

저는 귀 대학에서 전산학 석사 과정을 공부한 후에, 박사 과정에서 '인공지능' 전공하기를 원합니다.

J'ai obtenu une licence d'Informatique' à l'Université MUNWHA en Corée dont je vous joint copie avec traduction.

저는 한국의 문화대학교에서 전산학 학사 학위를 취득하였으며 학위 공증 사본을 첨부합니다.

J'ai également suivi des cours de français à l'Alliance Française de Séoul.

Je vous serais reconnaissant(e) de bien vouloir me faire savoir si ma candidature est recevable et de me faire parvenir un dossier d'inscription ainsi que toutes les informations nécessaires.

그리고 저는 서울의 알리앙스 프랑세즈에서 프랑스어 강좌를 수강했습니다. 학과장님께서 저의 입학 가능 여부를 알려주시고 등록 서류와 필요한 모든 정보를 보내주시면 대단히 감사하겠습니다.

Je dois également vous signaler que pour obtenir un visa de long séjour, une lettre d'acceptation officielle m'est indispensable et que ces demarches sont longues. Aussi vous saurais-je gré de me faire connaitre votre réponse le plus tot possible.

그리고 장기 비자를 얻기 위해, 공식적인 입학 허가서가 꼭 필요하며 절차가 오래 걸린다는 사실을 알려 드려야겠습니다. 학과장님의 빠른 회신을 기다리겠습니다.

En vous remerciant, veuillez agréer, Monsieur le Directeur, l'expression de mes sentiments respectueux.
학과장님 도움에 감사를 드리면서, 깊은 경의를 표하는 바입니다.

KIM Ki-Dong
김 기 동(본인 서명)

---

intelligence artificielle (f.) 인공지능 postuler 지원하다, 지망하다

# 파리 낭테르 대학교

파리 낭테르 대학교(Université Paris Nanterre)는 파리에 위치한 인문학 및 사회과학 중심의 종합대학교이다. 흔히 줄여서 낭테르(Nanterre), 혹은 이전 약칭인 파리 10(Paris-X)이라고 부르기도 한다. 교명은 파리의 상업지구인 낭테르에서 따온 것이다.

파리 대학교에서 인문학과 사회과학을 가르치던 소르본느의 단과대학에 학생들이 과도하게 몰려 이를 분산 시키려고 1964년 낭테르 지역에 파리 대학교의 인문학 및 사회과학대학 일부를 분리시켜 탄생했다. 이후 1968년 5월 낭테르 캠퍼스가 68혁명의 중심지로 자리잡으며 "미친 낭테르"(Nanterre la folle), 혹은 "붉은 낭테르"(Nanterre la rouge)라는 별칭으로 불리기 시작했고, 68혁명이 성공한 후 1970년 12월 독립적인 대학교가 되었다.

인문학, 사회과학, 예술 중심으로 교육하며 프랑스 내에서는 해당 분야에서 우수한 명성을 지닌 명문대학교 중 하나로 손꼽힌다. 그리고 68혁명의 중심지였던 만큼 진보적인 성향도 강한 대학교다.

## 4 등록 서류 신청 (2)

Monsieur le Directeur
Cours de Civilisation Française de la Sorbonne
47, rue des Ecoles
75005 PARIS
F R A N C E
원장님 귀하
소르본느 프랑스문화 강좌
에콜 가(街) 47번지
75005 파리
프 랑 스

Monsieur le Directeur,
학과장님께,

Souhaitant m'inscrire aux cours de votre université, je vous serais reconnaissant(e) de bien vouloir me faire parvenir un dossier de demande d'inscription.

귀 대학 강좌에 등록하기를 원하며, 이를 위해 등록 서류를 보내 주시면 감사하겠습니다.

J'ai obtenu une licence de langue et de littérature françaises à l'Université MUNWHA en Corée. D'autre part, j'ai suivi les cours de français à l'Alliance

Française de Séoul pendant 6 mois. J'aimerais à présent faire une Master de Littérature Française en France.

저는 한국의 문화대학교에서 불어불문학 학사학위를 취득했으며, 서울의 알리앙스 프랑세즈 학원에서 6개월간 프랑스어 강좌를 수강했습니다. 그리고 현재 저는 프랑스에서 석사과정 이수를 희망합니다.

Il est nécessaire de présenter un certificat de pré-inscription pour obtenir un visa de long séjour, et c'est pourquoi je vous saurais gré de m'indiquer la liste des documents à fournir pour établir l'équivalence de mes titres coréens que je sais être nécessaires pour ma candidature.

출국 비자를 얻기 위해서는 예비 등록 허가서를 제출해야 합니다. 따라서 학력 인정에 필요한 서류들을 알려주시면 감사하겠습니다.

Enfin, les liaisons postales entre la France et la Corée demandant un certain délai, je vous serais reconnaissant(e) de bien vouloir me repondre dès que possible.

한국과 프랑스간 우편 연락에 상당한 시일이 소요되므로, 학과장님의 빠른 회신을 기다리겠습니다.

Dans l'attente de votre réponse, je vous prie d'agréer, Monsieur le Directeur, l'expression de mes sentiments respectueux. 학과장님의 회신을 기다리며, 깊은 경의를 표하는 바입니다.

PARK Yong-Soo

박 용 수 (본인 서명)

---

cedex 대기업 등을 위한 특별 배달 우편 제도 courrier d'entreprise exceptionnelle   je vous saurais gré ~해주시면 고맙겠습니다

## 5 호적등본/초본

---

AMBASSADE DE FRANCE

EN COREE

(TRADUCTION)

EXTRAIT DU REGISTRE D'ETAT CIVIL

(번역) 호적초본

Concernant : M. KIM Ki-Dong

관련자 : 김기동

NOM : KIM 성(姓) : 김

PRENOM : Ki-Dong 이름 : 기동


DATE DE NAISSANCE: le 19 Avril 1995

생년월일 : 1995년 4월 19일


LIEU DE NAISSANCE: Séoul

출생지 : 서울

DOMICILE HABITUEL: 70, Sagan-dong, Chongro-ku, Seoul
현 주소 : 서울 종로구 사간동 70

NOM DU PERE : KIM In-Soo
부친 성명 : 김인수

NOM DE LA MERE : KIM (Née KANG) Ye-Eun
모친 성명 : 김 (처녀 때 성 강) 예은

ETAT CIVL : Célibataire -미혼 (Marié(e) -기혼)
신분 : 독신

Je soussigné(e), certifie que le présent extrait est conforme à l'original du Registre d'Etat Civil.

하기 서명한 본인은 본 호적초본이 원본과 동일하다고 인증합니다. Fait à Séoul, le 10 janvier 2024

작성 : 서울 2024년 1월 10일
Signe : Maire de l'arrondissement
서명 : 구청장

(sceau dudit)

Vu et certifie,
검토하고 인증함
Séoul, le
서울에서, 날짜

# 학사 2, 3년차 및 석·박사과정 진학 절차

관련 공지는 주한프랑스대사관 교육진흥원 캠퍼스 프랑스(Campus France) 사이트에 게시되므로 확인할 것을 권장.
https://www.coree.campusfrance.org/
Campus France에 연계된 대학의 지원 절차는 자국의 Campus France를 통해 신청해야 하며, 그렇지 않은 대학은 지원하고자 하는 대학의 홈페이지를 통해 지원 방법 및 일정을 확인하여 직접 지원해야 한다.

## 지원 일정

온라인 가입 및 서류제출 (3월 말까지)
온라인 서식 확인 및 면접 (면접일정 e메일 통보)
합격여부 결과 확인 및 학생비자 신청 (Etudes en France 와 개인 e메일 확인)
* 지원절차에 대한 자세한 매뉴얼은 Campus France를 확인.

## 제출 서류

지원 양식
지원 학교별 동기서
본인이 지원하는 각 과정의 세부정보
언어(프랑스어) 인증시험 증명서
여권 사본
행정비용 비용 납부 영수증
학업 증빙 서류
* 학업 증빙 서류 공증에서 현재 재학 또는 휴학중인 경우에는 3개월 이내에 발급된 서류만 제출 가능.

## 박사과정 지원

프랑스에서 박사학위를 준비하고자 하는 학생은 해당 학교 입학처에 직접 문의해야 하며, 전공별 학교리스트는 Campus France를 통해 확인할 수 있다.

# 6 재학(적) 증명서

AMBASSADE DE FRANCE
EN COREE
(TRADUCTION)
ATTESTATION D'INSCRIPTION
(번역) 재적 증명서
Concernant : M. KIM Ki-Dong
관련자 : 김기동

NOM ET PRENOM: KIM Ki-Dong
성명 : 김기동

DATE DE NAISSANCE: le 9 Avril 1995
생년월일 : 1995년 4월 9일

DATE D'ENTREE: le 5 mars 2010
입학일 : 2010년 3월 5일

DEPARTEMENT: Mathématiques
학과 : 수학과

♠ 재적증명서
  Je soussigné(e), certifie que la personne mentionnée ci-dessus a suivi les cours de Mathématiques à l'Université de MUNWHA et a terminé sa première année.

하기 서명한 본인은 위 사람이 문화대학교 수학과 수업을 이수하고 1학년을 마쳤음을 인증합니다.

♠ 재학증명서

Je soussigné(e), certifie que la personne mentionnée ci-dessus suit les cours de Mathématiques et actuellement inscrite en deuxième année à l'Université de MUNWHA.

하기 서명한 본인은 위 사람이 문화대학교 수학과 수업을 이수하고 현재 2학년에 등록 중임을 인증합니다.
Fait à Séoul, le 10 janvier 2024 작성 서울, 2024년 1월 10일

Signe : Directeur des Affaires Scolaires
서명 : 교무처장

(sceau dudit

Vu et certifie,
검토하고 인증함

Séoul, le
서울에서, 날짜

## 7 고등학교 졸업증명서

AMBASSADE DE FRANCE
EN COREE
(TRADUCTION)
ATTESTATION DE FIN D'ETUDES SECONDAIRES

(번역)
고등학교 졸업 증명서 Concernant : M. KIM Ki-Dong 관련자 : 김기동

**DIPLOME : Fin d'Etudes Secondaires**
학위 : 고등학교 졸업 증명서

NOM ET PRENOM: KIM Ki-Dong
성명 : 김기동

DATE DE NAISSANCE: le 9 Avril 1995 생년월일 : 1995년 4월 9일
　Je soussigné(e), certifie que la personne mentionnee ci-dessus a obtenu, le 21 Fevrier 1989, le diplôme de Fin d'Etudes Secondaires du Lycée de MUNWHA à Séeoul.
하기 서명을 한 본인은 위 사람의 서울 문화고등학교 졸업을 인증합니다.

fait à Séoul, le 10 janvier 2024
작성 2024년 1월 10일, 서울
Signe : Proviseur du Lycée
서명 : 고교 교장

(sceau dudit) 담당자 날인

Vu et certifie

검토하고 인증함

Séoul, le

서울에서, 날짜

---

## 프랑스의 교육과정

### ◆ 초등, 중등, 고등교육 과정 ◆

1단계 초등교육(유치원 3년, 초등학교 5년)
2단계 중등교육(중학교 4년, 고등학교 3년)
2단계 고등교육(고등학교 이후)

프랑스의 학교교육은 3-5-4-3 학제로 유치원 3년, 초등학교 5년, 중학교 4년, 고등학교 3년이다. 2017년 마크롱 정부 교육개혁 이후 3세부터 의무교육을 실시하고 있다.

### ◆ 초등교육 (유치원, 초등학교) ◆

유치원(école maternelle)은 초등학교와 연계되어있고 공립은 무상교육을 실시한다. 처음 읽기를 접하는 유치원의 최고 학년(grande section)은 아주 중요한 단계이다.

초등학교(école élémentaire/école primaire)는 총 5학년 CP, CE1, CE2, CM1, CM2로 구성되어 있다. CP, CE2 는 매년 국가 학력평가 대상 학년이다.

### ◆ 중등교육 (중학교, 고등학교) ◆

중학교(collège)는 4년 과정으로 6, 5, 4, 3학년으로 구성되어 있으며, 6학년은 국가 학력평가 대상 학년이다. 마지막 학년인 3학년 3학기에 Brevet 중학교 졸업 시험을 치르고 중학교 졸업 학위를 받는다.

고등학교(lycée)는 3년, Seconde, Première, Terminale로 구성되어 있다. 고등학교 졸업 자격시험으로는 일반 바칼로레아(Bac général), 기술 바칼로레아(Bac téchnologie), 직업 바칼로레아(Bac professionel), CAP(Certificat d'aptitude professionnelle 직업훈련센터, 2년 후 직업 바칼로레아로 편입 가능)이 있다.

### ◆ 고등교육 ◆

고등학교 졸업 후의 고등교육은 국립대학, 그랑제콜, 국립·사립고등교육기관, 예술대학, 건축대학 총 5가지로 구분할 수 있다.

1) 국립대학(Universités publiques): 국가 지원, 입학시험 없고, 바칼로레아 취득 혹은 이에 상응하는 졸업장 취득 후 지원 가능, 학·석·박사과정, 모든 전공 운영
2) 그랑제콜(Grandes écoles): 국가 인정 국립·사립대, 국립대학보다 높은 학비, 입학시험 있으며, 졸업 후 석사에 상응(bac+5)하는 학위 취득.
(대표적으로) 고등사범학교(ENS), 정치학교(IEP), 공대, 상경대, 수의대 기타 등
3) 국립·사립고등교육기관(Ecoles, Instituts): 국가 인정·비인정 대학, 입학시험 유·무, 교육기간 2-5년, 전문전공 과정 운영(의료, 커뮤니케이션, 언론 영상, 패션디자인, 농업, 정치 기타 등등)
4) 예술대학(Ecoles supérieures d'arts appliqués): 국가 지원, 문화부 소속 약 50개 예술·디자인 대학, 입학시험(서류, 실기, 면접) 있으며, 교육기간 2~5년, 국가 인정 학위 취득
(특징) 최우수 4개 대학(Boulle, Olivier de Serres, Duperré, Estienne)은 고등교육부 직속

5) 건축대학(Ecoles nationales supérieures d'architecture): 국가 지원, 문화부와 고등교육부 직속 총 20개 국립대, 학·석·박사과정

(출처)
https://www.education.gouv.fr
https://www.service-public.fr

## 8 학사 졸업 증명서

AMBASSADE DE FRANCE
EN COREE
(TRADUCTION)
CERTIFICAT DE DIPLOME UNIVERSITAIRE
(번역) 대학 학위 증명서 Concernant : M. PARK Yong-Soo 관련자 : 박용수

**DIPLOME : Licence ès Lettres** (Langue et Littérature Françaises)
학위 : 학사 불어불문학
(4 ans d'etudes universitaires après le Baccalauréat)
대학입학 자격시험 이후 4년간의 학업

NOM ET PRENOM : PARK Yong-Soo
성명 : 박용수

DATE DE NAISSANCE: le 9 Avril 1995
생년월일 : 1995년 4월 9일

**DEPARTEMENT : Langue et Littérature Françaises**
학과 : 불어불문학과

Je soussigné(e), certifie que la personne mentionnée ci-dessus a obtenu, le 25 Février 1993, le diplôme de Licence ès Lettres (Langue et Littérature Francaises) de l'Université de MUNWHA à Séoul.

# VI 유학·연수 관련 서식

하기 서명한 본인 교무처장은 위 사람이 문화대학교 불어불문학과에서 학사 학위를 취득했음을 인증합니다.

Fait à Séoul, le 10 janvier 2024 작성 서울, 2024년 1월 10일
Signe : Directeur des Affaires Scolaires
서명 : 교무처장
(sceau dudit) 담당자 날인
Vu et certifie
검토하고 인증함

Séoul, le
서울에서, 날짜

---

ès ~에 있어서, 관하여 (= en matière de) docteur ès sciences 이학(理學)박사

## 9 학사 성적증명서

AMBASSADE DE FRANCE
EN COREE
(TRADUCTION)
RELEVE DE NOTES
(번역) 성적 증명서

Concernant : M. PARK Yong-Soo
관련자 : 박용수

NOM ET PRENOM : PARK Yong-Soo
성명 : 박용수

DATE DE NAISSANCE : le 9 Avril 1995
생년월일 : 1995년 4월 9일

ETABLISSEMENT : Université de MUNWHA
교육기관 : 문화대학교

DEPARTEMENT : Langue et Littérature Françaises
학과 : 불어불문학과

Je soussigné(e), Directeur des Affaires Scolaires certifie que la personne mentionnée ci-dessus a obtenu, le 25 Février 2023, le diplôme de Licence ès Lettres (Langue et Littérature Francaises) de l'Université de MUNWHA à Séoul.

하기 서명한 본인 교무처장은 위 사람이 2023년 2월 25일 문화대학교 불어불문학과에서 학사 학위를 취득했음을 인증합니다.

---

Les notes qu'il a obtenues figurent ci-dessous :

취득 성적은 다음과 같음

| Année Scolaire 연도 | Marières suivies 이수 과목 | 1er semestre 1학기 note 성적 | 1er semestre 1학기 coefficient 학점 | 2ème semestre 2학기 note 성적 | 2ème semestre 2학기 coefficient 학점 |
|---|---|---|---|---|---|
| 1ère année 1학년 (2019-2020) | | | | | |
| | Anglais 영어 | B+ | 3 | C+ | 3 |
| | Allemand 독일어 | Ao | 2 | B+ | 2 |
| | Coréen 한국어 | Bo | 3 | - | - |
| | Histoire Coréenne 한국사 | B+ | 2 | - | - |
| | Philosophie 철학 | B- | 2 | - | - |
| | Education Physique 체육 | C+ | 1 | Do | 1 |
| | Introduction à la linguistique 언어학개론 | C+ | 3 | - | - |
| | Grammaire Française 불문법 | Bo | 3 | C+ | 1 |
| | Explication de Textes Français 불문강독 | Bo | 3 | - | - |
| | Ethique Nationale 국민윤리 | - | - | C+ | 3 |
| | Histoire de la Culture 문화사 | - | - | B+ | 2 |
| | Introduction à la Psychologie 심리학개론 | - | - | Co | 3 |
| | Introduction aux Sciences Naturelles 자연과학개론 | - | - | C+ | 2 |
| | Conversation Française 프랑스어회화 | - | - | C+ | 2 |
| 2ème année 2학년 (2020-2021) | | | | | |
| | Anglais 영어 | D+ | 3 | C | 3 |
| | Education Physique 체육 | B+ | 1 | A+ | 1 |
| | Conversation Française de niveau intermédiaire 중급 프랑스어회화 | Co | 2 | Co | 2 |
| | Exercice de Français 프랑스어연습 | C+ | 3 | Do | 3 |
| | Contes Français 프랑스어 단편독해 | C+ | 3 | - | - |
| | Constitution 헌법 | C+ | 3 | - | - |
| | Histoire de la Littérature Coréenne 한국문학사 | Bo | 3 | - | - |
| | Université et Communauté 대학과 공동체 | Bo | 2 | - | - |
| | Principe d'Education 교육학원론 | C+ | 2 | - | - |
| | Ethique 윤리 | A+ | 1 | - | - |
| | Français niveau intermédiaire 중급프랑스어 | - | - | D+ | 3 |
| | Composition Française 불작문 | - | - | D+ | 2 |
| | Exercice de Composition Française 불작문연습 | - | - | Do | 2 |
| | Psychologie de l'Education 교육심리 | - | - | B+ | 2 |

| | | | | | |
|---|---|---|---|---|---|
| 3ème année<br>3학년<br>(2021-2022) | | | | | |
| | Français de niveau supérieur 고급프랑스어 | Co | 3 | Ao | 3 |
| | Conversation Française de niveaux supérieur 고급프랑스어회화 | C+ | 3 | - | - |
| | Anglais 영어 | D+ | 3 | Ao | 3 |
| | Exercice de Français 프랑스어연습 | Co | 2 | - | - |
| | Introduction à la Linguistique 언어학개론 | - | - | Bo | 2 |
| | Grammaire Française et Composition 불문법작문 | - | - | A+ | 2 |
| | Programme d'Enseignement 교육계획 | Co | 2 | - | - |
| | Français de niveau intermédiaire 중급프랑스어 | - | - | C+ | 3 |
| | Actualité Française 시사프랑스어 | - | - | B+ | 3 |
| | Méthode d'enseignement du français 프랑스어교수법 | - | - | B+ | 3 |
| | Méthodologie d'Insturction 지도방법론 | - | - | A+ | 2 |
| | Exercice de Linguistique 언어학연습 | - | - | B+ | 3 |
| 4ème année<br>4학년<br>(2022-2023) | | | | | |
| | Pédagogie 교육학 | Ao | 1 | A+ | 1 |
| | Discussion sur la Littérature Française 불문학토론 | Bo | 2 | A+ | 2 |
| | Exercice de Français 프랑스어연습 | Ao | 2 | A+ | 2 |
| | Cours spéciaux de Littérature Française 불문학특강 | Bo | 2 | Ao | 2 |
| | Evaluation d'Education 교육평가 | A+ | 2 | Bo | 2 |
| | Stage d'Enseignement 교육실습 | A+ | 2 | - | - |
| | Cours spéciaux de Linguistique Française 불어학특강 | - | - | Ao | 3 |
| | Histoire de l'Education 교육사 | - | - | Bo | 2 |

Fait à Séoul, le 10 janvier 2024

2024년 1월 10일 서울에서 작성

Signe : Directeur des Affaires Scolaires

서명 : 교무처장

(sceau dudit) 담당자 날인

Vu et certifie

검토하고 인증함

Seoul, le

서울에서, 날짜

## 10 석사 졸업증명서

AMBASSADE DE FRANCE

EN COREE

(TRADUCTION)

CERTIFICAT DE DIPLOME UNIVERSITAIRE

(번역) 대학 학위 증서Concernant : M. KANG Young-Hwan 관련자 : 강영훈

DIPLOME: Maîtrise ès Sciences (Biologie)

학위 : 이학(理學)석사 생물학

(6 ans d'études universitaires après le Baccalauréat)
대학입학자격시험 이후 6년간의 학업

NOM ET PRENOM: KANG Young-Hwan
성명 : 강영환

DATE DE NAISSANCE : le 19 Avril 1995
생년월일 : 1995년 4월 19일

DEPARTEMENT: Biologie 학과 : 생물학

Je soussigne(e), certifie que la personne mentionnée ci-dessus a obtenu, le 25 Fevrier 2023, le diplôme de Maîtrise ès Sciences (Biologie) de l'Université de MUNWHA à Séoul.

하기 서명한 본인은 위 사람이 2023년 2월25일 문화대학교에서 이학석사 (생물학) 학위를 취득했음을 확인합니다.
Fait à Séoul, le 10 janvier 2024
작성 2024년 1월 10일, 서울
Signe : Directeur des Affaires Scolaires
서명 : 교무처장

(sceau dudit) 담당자 날인

Vu et certifie,　검토하고 및 인증함
Seoul, le 서울에서, 날짜

## 참고문헌

권순제 (1993), 『무역 프랑스어 정해』, 세기문화사
백영미 (1998), 『프랑스 고등교육제도』, 주한프랑스대사관
심상필 (1990), 『실무 상업불어』, 법문사
조병준 (1998), 『상업 실무 프랑스어』, 인하대학교 출판부
조항덕 (1998), 『프랑스어 편지쓰기』, 문예림

Burke, David (1996), Street French 1, John Wiley & Sons Inc.
------------ (1996). Street French 2, John Wiley & Sons Inc.
------------ (1997), Street French & Slang, John Wiley & Sons Inc.
Charon, J. et al (1995), Le français commercial, Larousse
Corado, L. (1999), Français des affaires, Hachette
Danilo, M. (1999), Le français de l'entreprise, CLE International
Dany, M. et al (1998), Le français et la profession, Hachette
Dournon, Jean-Yves (1987), La correspondance pratique, Librairie générale française
Kendris, Ch. (2000), Writing in French, Barron's///
Lavenne, Ch. (1999), Passage à l'écrit, CLE International
Levieux, E. et al (1999), Insiders' French, The University of Chicage Press
Makowski, F. (1993), France Europe Express, Hachette
Obadia, M. et al (2000), D'un écrit à l'autre, Hachette
Oudot, S. (1997), Guide de correspondance en français, Passport Books
Pomier, Nathalie (1998), French correspondence, Oxford University Press
Rouaix, P. (1999), Trouver le mot juste, Armand Colin

# VI 유학·연수 관련 서식

Sandrieu, Dominique (1994), 500 Lettres pour tous les jours, Larousse

Thody Ph. et al (1998), Mistakable French, New York Hippocrene Books

Vedol, Jacques (1997), Correspondance facile, Hachette

Vitry, D. (2001), Je vais en France, C.N.O.U.S

Williams, S. et al (1997), French business correspondence, New York, Routledge

## 프랑스어 e메일

**저 자**  김 진 수

**발행일**  2023년 12월 25일
**발행처**  도서출판 한불포럼
**발행자**  김 진 수
        대표전화 010-8650-7208
        주소 서울 성북구 보국문로 30길 15, 104-1511
        (02701)
        e 메일 jsk8203@korea.com

**등록번호**  2022-000075
**ISBN**  979-11-981128-2-8  03760

가격 17,000원